买楼收租
房地产投资完整手册

【日】石原博光 ○ 著　季老湿 ○ 译

华中科技大学出版社
http://press.hust.edu.cn
中国·武汉

内容简介

本书全面指导房东如何通过多个阶段实操房地产投资以实现租售溢价,内容简明、图文并茂。全书共9章:序章阐述房地产投资的优势;第1章对比小地方与市中心的房产投资差异;第2章指导如何选择有潜力的房产进行投资;第3章揭秘低资产性下如何从银行贷款;第4章介绍购入房产时的砍价策略;第5章教授如何选择房产租赁管理公司;第6章分享高效改造房产的方法;第7章揭示保持房产满租的秘诀;第8章详细分析租赁运营期间的风险管理。

图书在版编目(CIP)数据

买楼收租:房地产投资完整手册/(日)石原博光著;季老湿译. ── 武汉:华中科技大学出版社,2025.5. ── ISBN 978-7-5772-1670-6

Ⅰ.F293.353-62

中国国家版本馆CIP数据核字第202599C039号

【*SAISHINBAN*】*MAZUHA APARTITTO, KAINASAI!* by Hiromitsu Ishihara
Copyright©Hiromitsu Ishihara, 2021
All rights reserved.
Original Japanese edition published in 2021 by SB Creative Corp.
This Simplified Chinese edition is published by arrangement with SB Creative Corp., Tokyo in care of Tuttle-Mori Agency, Inc., Tokyo.
简体中文版由日本SB Creative株式会社授权华中科技大学出版社有限责任公司在中华人民共和国境内(但不含香港、澳门和台湾地区)独家出版、发行。
湖北省版权局著作权合同登记 图字:17-2025-002号

买楼收租:房地产投资完整手册   [日] 石原博光 著
Mailou Shouzu: Fangdichan Touzi Wanzheng Shouce   季老湿 译

出版发行:	华中科技大学出版社(中国·武汉)	电话:	(027) 81321913
地 址:	武汉市东湖新技术开发区华工科技园	邮编:	430223

策划编辑:	彭霞霞	封面设计:	金 金
责任编辑:	陈 忠	插画设计:	邝蕾婷
责任校对:	张会军	责任监印:	朱 玢

印 刷:	湖北新华印务有限公司
开 本:	787 mm×1092 mm 1/32
印 张:	10
字 数:	192千字
版 次:	2025年5月第1版 第1次印刷
定 价:	79.80元

本书若有印装质量问题,请向出版社营销中心调换
全国免费服务热线:400-6679-118 竭诚为您服务
版权所有 侵权必究

前　言

各位读者朋友好，我是房地产投资家石原博光。2002年我在日本开始房地产投资，在日本和美国都拥有房地产，2014年移居美国后，一直在经营这些房地产。现在我居住在美国加利福尼亚州，从事房地产买卖中介的工作。

这本《买楼收租：房地产投资完整手册》（以下简称《买楼收租》）的初版是在2010年刊发的。

发行当时，一说起面向房地产投资者的书籍，"从市中心的区分公寓入手"几乎是一般常识。但是，我这本阐述**"小地方的房子或市中心建筑年限比较久的房子才更有潜力"**的反向思路的书，却长期稳居畅销书榜单。

我在本书中介绍的方法是被称为"石原式"的投资手法，给那些不是专业房地产投资者的普通人能够在将来获得稳定经济来源提供最合适的辅助，这项手法也成了房地产投资的新标准。我很高兴收到许多好评，不用说那些接受了我咨询的客户，还有读者也发出了"哇，找你商量真是太好了"这样的声音，这带给了我莫大的喜悦。

然而，虽然在初版书中就满载了我所运用的基础经营技术知识，但是在作为畅销书不断出版的过程中，我察觉到书中一些内容已经与不断变化的时代趋势脱节。因此，2016年出版了内容上大幅焕新的新版《买楼收租》。新版《买楼收租》深受大家的喜爱和支持，新旧版加在一起总计印刷27次，目前累计销售超过9万本。

但是，不断变化中的时代趋势会逐渐把新版《买楼收租》的内容变为过去式。2018年发生的"南瓜马车"事件（在序章37页详述），使社会对房地产投资的态度变得不再宽纵，2019年消费税升到10%，再加上2020年的新冠肺炎疫情导致了前所未有的混乱。虽然推迟了一年，东京奥林匹克运动会仍然顺利举行了，然而新冠肺炎疫情带来的影响仍旧没有停止，社会层面看不到明显的好转势头。

正因为处于如此混乱的时代，为了守护自己的将来，我们每个人都必须做好准备。以在将来取得稳定经济收入为目标，这本书的使命仍未结束。抱着这样的想法，这次为大家带来最新版的《买楼收租》。

在新版基础上，最新版《买楼收租》大幅增添了32页的内容。这次在卷末还附加了"向房地产中介和管理公司询问的问题清单""实地看房查看清单"。

此外，与从初版《买楼收租》升级到新版《买楼收租》时相同，本次在房地产投资中最重要的"融资"这一环节也增添了10页以上的全新内容，将会向大家介绍在房地产投资这一领域中较为活跃的银行，以及在房地产投资者之间比较热门的银行，还会介绍一些融资的窍门。我们衷心祝愿大家能够以本书为参考，在房地产投资领域大展宏图。

少子化的影响，使得人口锐减、房屋空置问题一年年地严峻起来。维持好满屋出租的状态，这在我的操盘手法中是不可缺少的，为此，以最新的信息为基础，我将展示一些最新的对策和想法。**为了让便宜房子附加一些价值，进行翻新或者装修的新案例不断涌现。如何让管理着很多房子的管理公司为自己的房子提供服务**，本书对这部分内容也进行了大幅的更新。

但是，二手房地产整体价格的上升，以及房地产投资获得了普遍认知，开始实际操作的人变多了，这样就造成了市场上的房子收益率降低了。初版中把购入房产的收益率定在"20%"，但在新版中我将其调整到了"17%"。这次在最新版中将收益率继续下调到"13%"。

现在高收益率的房子已经很难找到，这种现象正在成为事实。即使有，也要么是在小地方的郊外，要么是建筑本身有相当大的瑕疵，要么就是一楼是店铺，改造成居住用房的难度比较高，不容易下手。这就是现状。

我也认为那种既棘手风险又高的房子不值得推荐。比起这些，还个价，尽可能将房子便宜一点买进，再把装修费用压缩，减少初期投资费用，从而提高收益率才是更重要的。房子价格上升的同时，融资利率也在下降。低利率、融资期间长，如果能获得这样尽可能有利的融资，每个月的还款额也会减少，实质收益率也就上升了。本书将把这些运营技术简单易懂地展示出来。

能够确定的是，通过自身的努力是很有可能使房子接近高收益率的。我认为这也是出版最新版《买楼收租》的意义之一。

自从出版本书初版以后，我的人生也发生了重大改变。

2014年的春天，我和家人一起去了美国，已经把生活的重心转移到那里。现在，我在美国拥有了6栋房产，年均租金收入达到10万美元，总资产在200万美元左右（这是以2021年8月时的行情计算的）。当时1美元相当于110日元，算下来年均租金收入大概有1100万日元，总资产达到了约2.2亿日元。

虽然在美国投资的时候卖掉了4栋房子，但是我在日本也有3栋房子（43个房间），总资产约3亿日元，平均每年租金收入约3000万日元。即使住在美国，我在日本房产的经营上也没什么阻碍。能这样做，完全是因为利用好了"只要把机制建立起来，也不会费多少工夫"这个房地产投资的优势。这种远距离操控的诀窍，我也想稍微谈及一些，分享给对海外投资感兴趣的小伙伴。

前言

我所居住的加利福尼亚州的贝克斯菲尔德地区，虽然感染德尔塔毒株的患者入夏后一直在增加，但多亏了疫苗接种率较高，基本没有人死亡，过着与新冠肺炎疫情前别无二致的生活。不，就像是要取回那些因新冠肺炎疫情而停滞的时间那样，经济活动甚至比之前还要活跃。

那么日本又怎么样呢？正在写本书最新版的当下——2021年8月，东京的紧急事态警报并未解除，仍在刷新过去最高的新感染者人数。以饮食业为代表，很多行业遭受了重创，为了度过这次危机，以休业支援金为代表的辅助金、助成金、给付金等财政支出以后很明显会通过增税来弥补。

如果跟随如今这样的低迷势头，自己不做点什么，将来的稳定生活是肯定得不到保障的。

我本人也是因为对将来感到不安，才以此书为契机开始进行房地产投资。

为了大家能有稳定的将来，如果本书能够帮大家鼓起勇气迈出这一步，将是我莫大的荣幸。

笔者的投资案例

（a）位于栃木县小山市的1栋楼
（上图为外观，下图为把1个3房改造成面积约为53.46平方米的1房的样子）

（b）位于茨城县坂东市的1栋小楼

（c）位于栃木县下野市的多户出租屋

现在持有的房子清单

购入年月	所在地、类别、房型、户数	购入价格
2002年8月	东京都目黑区新建大楼1栋（2房×1套、事务所×1套）	数千万日元
2004年3月 已经出售	千叶县旭市二手多户出租屋2栋（2房×4套×2栋）	1600万日元
2004年5月 已经出售	千叶县船桥市二手大楼（2房×4套、店铺×5套）	4800万日元
2005年10月	茨城县坂东市二手大楼1栋（2房×13套、3房×2套、4房×1套、店铺×1套）	数千万日元
2006年3月	栃木县小山市二手大楼1栋（3房×24套）	1亿1000万日元
2007年4月	栃木县下野市二手多户出租屋1栋（2房×4套、1房×8套）	4150万日元

目　录

序章　为什么要进行房地产投资

从 300 万日元起步资金到每年房租收入 1000 万日元的路径 / 16

1. 日本政府改变了方针，鼓励"做副业" / 17
2. 房地产投资最适合作为副业，形成一定被动收入规模 / 19
3. 好处是能贷到款和稳定 / 23
4. 通过自己的努力可以提高收益率 / 26
5. 房地产投资竞争对手少 / 28
6. 房地产投资是能自动赚钱的被动收入项目 / 30
7. 房地产投资的 5 大风险 / 32
8. 即使少子化和人口减少，也不影响吗 / 35
9. "南瓜马车"事件发生之后的融资情况 / 37
10. 新冠肺炎疫情对房地产投资的影响 / 40

第 1 章　瞄准地方¹的整栋出租房或市中心的老旧出租房

11. 别被"表面利益率"欺骗 / 44
12. 与其购买资产，不如购买"收益产" / 46

---

1 译者注："地方"是日语中的汉字写法，解释为小地方或者乡下。

13 ┃ 首先从投资整栋出租房开始 / 48

14 ┃ 投资前应设定战略目标 / 51

15 ┃ 实质收益率最低 8% 要死守 / 54

16 ┃ 以非优质地段或者市中心的老旧出租房为目标 / 57

17 ┃ 自住房和投资房两手抓 / 60

"寄居蟹作战"——边住边装修 / 63

18 ┃ 自筹资金最少准备 300 万日元 / 64

19 ┃ 首先从一户建开始投资也可以 / 67

第 2 章　可以买的房子 / 不能买的房子

"非优质地段"和"市中心",要买房子的话如何选 / 73

20 ┃ 我取胜的座右铭是"细分市场决胜负" / 74

21 ┃ 挖掘高收益率房的诀窍 / 78

22 ┃ 比起高级公寓,还是木造出租房更胜一筹 / 81

23 ┃ 如果要买非优质地段的房子,要看清区域的特色 / 85

24 ┃ 不害怕当地的高空置率 / 88

面向单身人士的房子和面向家庭的房子,买的话选哪个 / 91

25 ┃ 非优质地段买房必须遵守的条件 / 92

26 ┃ 市中心地区反倒是小户型更受欢迎 / 95

27 ┃ 市中心的老旧木造多户出租房即使破旧也没有问题 / 98

28 ┃ 即使是"瑕疵担保免责"房也没关系 / 101

29 ┃ "借地权""再建筑不可"也没关系 / 104

30 ┃ 找出很有赚头的房源的方法 / 107

31 ┃ 不能买的破房子是什么样的 / 111

32 ┃ 经营合租房有赚头吗 / 116

33 ┃ 比起不确定的"竞价房","任意出售房"更胜一筹 / 118

找收益房需要关注的网站① / 121

找收益房需要关注的网站② / 122

第 3 章　即使资产性比较低,也能从银行获得贷款的秘诀

34 ┃ 虽然融资形势再次变得严峻了,但是…… / 124

35 ┃ 提高融资成功率的交涉技巧 / 127

36 ┃ 可以从哪些金融机构贷款 / 131

37 ┃ 从日本政策金融公库贷款 / 134

38 ┃ 日本政策金融公库的利用模拟 / 139

39 ┃ 较为推荐的地方银行、信用金库、信用组合、非银行机构 / 144

40 ┃ 从骏河银行贷款 / 148

41 ┃ 从静冈银行贷款 / 150

42 ┃ 从 SBJ 银行贷款 / 151

43 ┃ 从横滨幸银信用组合贷款 / 152

44 ┃ 从东京湾信用金库贷款 / 153

45 ┃ 从欧力士银行贷款 / 154

46 ┃ 从横滨银行贷款 / 155

47 ┃ 从香川银行和德岛大正银行贷款 / 156

48 ┃ 从千叶银行贷款 / 158

49 ┃ 从东日本银行贷款 / 159

50 ┃ 从三井住友信托 L&F 贷款 / 160

51 ┃ 从セゾンファンデックス贷款 / 163

52 ┃ 不管怎么说,现金为王 / 164

53 ┃ "贷到款,买到房"还并不是终点 / 166

第4章 购买价格自己定——砍价方法

54 ┃ 聪明的经营者不以售价买入 / 170

55 ┃ 在砍价时不要动摇 / 172

56 ┃ 计算买入预算时需要注意的点 / 174

57 ┃ 砍价技巧 / 176

58 ┃ 知己知彼才能取得价格谈判胜利 / 178

59 ┃ 装修或翻新房子的预算要提前做好 / 182

60 ┃ 买房时需要支付的各项费用 / 183

61 ┃ 购得房产的同时务必办理保险 / 186

62 ┃ 建议添加在保险上的特约事项 / 190

免费修理?小心保险理赔代理业者 / 192

第5章 房屋管理请交给专业人士——如何选择好的租赁管理公司

63 ┃ 房屋管理请交给专业人士 / 194

64 ┃ 租赁管理公司最好选本地的 / 196

65 ┃ 如何选择让自己放心的好管理公司 / 199

66 ┃ 选管理能力强的还是招租能力强的 / 202

67 ┃ 调动管理公司的积极性为你服务 / 204

第6章 房东大显身手——装修改造大作战

68 ┃ 充分发挥想象能力进行"空间设计" / 208

69 | 时刻注意成本与效果的成效比 / 213

70 | 从长远来看,免维护也很重要 / 217

71 | 由城市管道煤气换成煤气罐 / 221

72 | 3点一体化浴室的装修改造方法 / 223

73 | "商品"到手后就看各位经营者的本事了 / 225

74 | 选择装修公司时必须货比三家,多家报价 / 229

75 | 不能用价格去筛选施工方 / 233

76 | 要经常去施工现场查看 / 236

77 | 不要只盯着眼前利益,要把目光放长远 / 238

小型装修推荐"生活市场" / 240

第7章 你好,租客,欢迎光临——满租经营的秘诀

78 | 房间的第一印象最重要的是清洁感 / 242

79 | 把租金降到比市场价低一成 / 244

80 | 增加对房地产公司的 AD(广告费)投入 / 246

81 | 动员更多人帮我们招租 / 248

82 | 带家具的房子可以降低招租难度 / 249

83 | 签合同时,原则上要通过保证公司 / 252

84 | 通过定期房屋租赁合同对付不良租客 / 255

85 | 双刃剑!初期费用全部为零方案 / 259

86 | 房东亲自在互联网上招租 / 262

87 | 生活低保户也可列为入住对象 / 264

88 | 也可以积极地将外国人列为入住对象 / 266

89 | 民宿重开!"Airbnb"的活用方法 / 269

第 8 章　租客入住后，注意把控运营风险

90 ▎牢牢把控费用支出 / 272

91 ▎一些很难注意到的支出项 / 276

92 ▎有计划地设定二手房折旧分摊周期 / 280

93 ▎不收合同更新费的好处 / 284

94 ▎何时可以考虑卖掉房子 / 286

95 ▎如果想通过卖房赚钱 / 290

96 ▎高价卖房的诀窍 / 292

97 ▎关注国家层面的风险 / 296

案例研究

▎案例 1　从一栋多户出租房开始不断扩大规模 / 299

▎案例 2　和家人一起经营多户出租房、一户建，现已满租 / 302

▎案例 3　以 50 万日元养老资金为目标进行多户出租房经营 / 304

▎案例 4　通过"租房""收房租"新手法，不买房就能得到房租收益 / 306

卷末特典

▎问题清单和查看清单 / 308

结语

序章

为什么要进行房地产投资

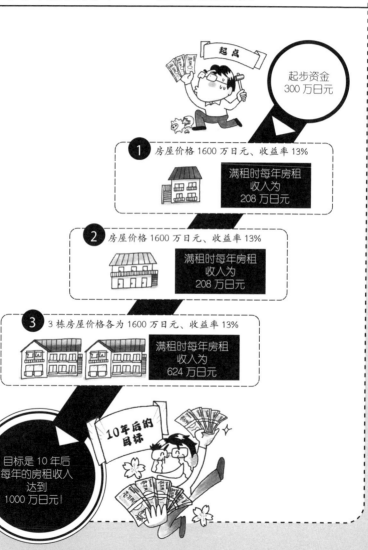

序章　为什么要进行房地产投资

1.日本政府转变了方针，鼓励"做副业"

自 2016 年本书新版刊行以来，距离本书最新版出版已经过了 5 年。

当时，在首相安倍晋三的安倍经济政策的指引下，日本从 2012 年以来的经济低迷中走了出来，大家都期待着经济向好发展。

如安倍经济政策所预期的那样，物价呈现出通货膨胀的趋势，然而工薪阶层的薪资水平却没有如期上升，消费依然疲软……2021 年 2 月日经平均股价时隔 30 年创下了 3 万多日元的纪录，但是并没有多少人感受到泡沫时期的经济盛况，净是在聊一些关于新冠肺炎疫情的沉闷话题。根据国税厅发表的《民间薪资水平现状统计调查》，日本的平均年收入虽然从 2012 年开始有在一点点地上升，甚至在 2018 年达到了 441 万日元，但是 2019 年再次跌落到了 436 万日元。2020 年因为新冠肺炎疫情，平均年收入继续下降。

经济不景气，再加上严峻的少子化和老龄化问题，国民退休金制度也面临着重大危机。2000 年官方就曾提议退休年龄从 60 岁提高到 65 岁，退休金额度也在 2021 年 4 月时隔 4 年再次下调。今后退休金额度继续面临下调的情况是可以预想到的，民众对将来的不安也在与日俱增。

日本政府已经无法保障国民的老后生活了？！

严峻的形势下，日本政府也开始转变方针。2017年由日本内阁议会敲定的《工作方式改革实操计划》中，就很多公司制定的《禁止副业规定》提出了删除的建议。

也就是在提议"今后，大家积极搞副业吧"。

金融厅的"金融审议会"在2019年明确做出了"2000万日元作为年老后30年间的资金是不够的"的推算，这件事还发酵成了"2000万日元问题"，引发了不少争议，让我记忆犹新。**"老后生活中不够的那些钱，得我自己努力才能填补吗！？"** 抱有这种不安心理的人也很多吧。

今后，如果不做点准备，就肯定会面临老后生活艰难的窘境。自己的生活还得靠自己提供保障，为了将来有备无患，现在也能过上富足的生活，我推荐进行房地产投资。

为什么说房地产投资是最合适的呢？这章将向大家说明房地产投资的机制、优点以及缺点。

2. 房地产投资最适合作为副业，形成一定被动收入规模

对大家来说，一提起"投资"，股票投资和外汇投资算是比较贴近日常生活的投资方式了。近年来，活用了被称作NISA的少额投资非课税制度，达到节税效果的同时，又能够在投资信托里应用的"积立金NISA"吸引了不少人的目光。

另一方面，房地产投资虽说比起初版《买楼收租》发行（2010年）那会取得了更多的普遍认知，但是对此仍旧抱有"看上去挺有风险""外行人不该出手"这种印象的人也不少。

由于启动资金比起股票投资多了好几位数，因此，万一失败了，想想就觉得太可怕了而没法接受，这也是人之常情。

但是，房地产投资真的是高风险活动吗？

房地产投资是中等风险、中等回报的投资。

"投资"不能一言以蔽之，我们分别来看看不同投资方式的特点吧。

股票投资、外汇投资和信托投资这些基本是通过买进商品，再将商品以比买入价更高的价格卖出，从而获得收益的投资方式。

而房地产投资，是通过买入房产，招租后获得租金收入来实现收益的投资。

这种投资类型的不同之处，正是我推荐的理由。

股票投资和外汇投资这两种方式，虽然有可能10年内将投资金额增加10倍以上，但也有可能在第一年就将投资本金全部亏掉，是高风险、高回报的投资方式。如果是为了将来的稳定回报，这样的投资方式恐怕不合适。

当然，在那么多进行股票投资和外汇投资的人中，也不能简单分为获得大成功的和不幸大失败这两类。但是，因为害怕风险，就压缩投资金额，选那些较为稳定、没有大起伏的商品，也没法期待有什么大的回报吧。如果想要取得称得上"规模被动收入"的大回报，应该要顶着风险往上爬。

房地产投资是中等风险、中等回报的投资

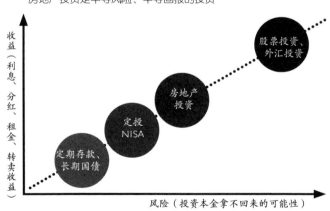

序章 为什么要进行房地产投资

当然在现在的投资环境中,也有低风险、低回报的投资。**定期存款和长期国债**等投资的损失几乎为零,不过在现在这种利率超低的时代,投资回报微乎其微。更不用说考虑通货膨胀后,还要冒着连这些微小的收益都收不回来的风险。比起这些,**"积立金NISA"**虽说风险、收益都会高一些,但还不足以达到"将来的稳定经济收入"。

虽然房地产投资在短期内不会让个人资产增长两三倍,但无论所购入的房产价格如何下跌,个人资产都不会变成零。例如,买了价格为1000万日元的房子,即使10年后必须卖掉,以半价500万日元卖掉,也不会把购买金额全部亏掉。而且这10年里如果你能取得500万日元的租金收入,就不会亏损(10年收租500万日元,一年收租50万日元,这套房子的收益率就是5%)。**"收益率"是指投资金额的年回收率。**

接下来在投资这个领域中,必须要加深一下关于被称为"利回り"的回报率的理解。**"利回り"是一年之中可以收回多少比例的投资金额,是用"%"表示的。**

比如买了价格为1000万日元的房子,租金收入一年是100万日元,其实表面"利回り"就有10%("收益率"将在第1章详述)。假设你银行账户上存了1000万日元,如果是城市银行的定期存款,账户上的现金不会消失,但是年利率只有

0.002%，存一年的利息为200日元，存十年也仅有2000日元。

但是如果进行投资，你的账户虽然会显示为零，但是收益率10%的房子10年就可以回本（实际生活中存在经费和空室期，严格来说需要更长的时间）。也就是说，10年后1000万日元就会回到你的账户，附加一套房子，还有年均100万日元的持续收入（租金）。希望大家能够抛弃"看上去挺有风险""外行人不该出手"这样先入为主的观念，以自身体验来判断房地产投资究竟是不是高风险投资。

3. 好处是能贷到款和稳定

我认为房地产投资最大的优势是房地产投资者能够从金融机构贷款，也就是用别人的钱去博胜负。

如果是股票投资和外汇投资，银行绝对不可能贷款给你。即使你握有绝对可靠的内幕消息，银行也不会理睬你。

但如果是作为房产的购入资金，可以以购买的土地或房子和贷款人的信用作为担保进行贷款。前面说过，如果贷款人不能还钱，房子的价值也不可能变成零，银行可以通过收回抵押的房子的方式来降低风险。

通过贷款的方式，可以经营价值比自有资金多5～10倍的房子。如果房子本身很好，或贷款人的属性（从事的工作、年收入等）很好，就可以以整套房子的总价格申请到全额贷款。也就是说，只有一点点自有资金也可以开始房地产投资。

而且，这笔贷款可以通过支付利息来使用数十年。如果能以低利率长期贷款，即使还款，手头也有钱可以存下来，以此借更多的贷款买房。

①只要按时还贷，房子就还在自己手里。

在股票投资和外汇投资中，可以通过利用一种叫作"信用交易"的机制暂时使用别人的资产。比如，通过将股票和有价证券存放在证券公司，能够进行约3倍规模的交易。使用这项机制，自有资金只有100万日元也能买价值300万日元的股票。但是，如果商品跌至半价，用信用交易买了300万日元的商品也会被给予150万日元的评价额。这将导致失去所有自有资金，变成 –50 万日元的状态。

如果仅仅是用自有资金进行的投资，那么也可以继续等待商品升值；但是如果是信用交易，那么就会被强行终止交易，只剩下50万日元的贷款。然后为了摆脱这个困境，继续加码保证金追证……这是典型的因为股票而玩坏的模式。

如果是房地产投资，即使房子价格跌到一半，只要你没拖欠贷款，就不会被收缴房子，导致手上只有贷款的窘境（但是如果签合同，有追加担保提供条款这一项，则必须遵守）。

综上所述，**房地产投资者可以从金融机构贷款，而且贷款机制健全，这一点就是房地产投资比其他投资更有优势的地方。**

②制定招租计划，走向稳定经营之道。

房地产投资的另一个魅力之处在于它的稳定性。

股票投资或外汇投资，每天的价格会随着经济形势变动，有可能一个月就赚两三倍，也有可能亏损成原来资金的1/2、1/3。为了通过反复买卖来达到赚钱的目的，需要分析大量的信息，随时做好卖出的准备。可以说它们是需要速度感的投资。

而对于房地产投资来说，房租不会随着经济形势而每个月

序章 为什么要进行房地产投资

都变动，如果是两年租约，那么两年内房地产投资者每个月得到的房租都是相同的，不用每天都关注行情。当然从长期看会受到经济形势的影响，经济不景气的时候如果不降房租，就很难招到租客了。

但是这种影响是非常缓慢的，产生效果也是需要时间的，所以我们可以提前做好准备，及时止损，即使降低房租也不要紧。

在房地产投资中，一旦建立起让租客住进来，然后收租的机制，就能以相对牢固又稳定的模式经营，这一点是其魅力之一。不需要匆匆忙忙，房地产投资称得上是充分利用好时间的投资方式。

在专业投资者的群体中，经常听闻，年轻时通过股票投资大赚一笔，到了一定年纪再进行房地产投资的人。但是，与之相反的，由房地产投资赚钱转成股票投资的人，却未曾听闻。也经常听说，外资系的如金融交易者这类人，二三十岁就赚到钱，然后退休。他们经常处于不能失败的紧张感中，查信息，下决断，虽然回报大，但是风险也非常大。活跃在那样的世界里，会感到非常累，也很不容易吧。

同样是"投资"，**股票投资和外汇投资更依赖"投机"，房地产投资则更具"事业"性。**稳定地、长期地制订事业计划，使其成为一生的职业。正因为这样牢固，不用被迫处于精神高度紧张的状态也能运营的商业模式，房地产投资才会受到如此高的关注。

4. 通过自己的努力可以提高收益率

房地产投资与股票投资和外汇投资等相比更有利的是,投资的房子的价值可以通过自己的努力来提高。

若投资股票和外汇,外在原因导致的价格升降只能通过买或卖的手段应对,买的人很难自己提高商品的价值。根据投入的资金数额,你可以购入并囤积大量的股票,或者把职员送到该公司参与经营来提升公司的业绩,提高公司的价值,但这不是一般人能做到的。

与此相比,房地产投资中,虽然没办法改变房产离车站的距离和日照等选址问题,**但可以通过装修、备齐设备等提高房子的价值,从而"提高房租的金额或提高收益率"**。虽然肯定也需要付出相应的费用和人力,但比起囤积大量股票和让职工加入被投资企业的管理层这种策略,付出的东西可以说微乎其微。

即使是看上去陈旧的建筑物,只要涂装外墙就会给人一种焕然一新的感觉,把和室改成西式房间,或者改变房间布局,房子都可以借此获得重生。把厕所的马桶座升级为带温水清洗功能,并安装液晶型的对讲机,如果房子没有浴室,可以设置淋浴间，提高房子的附加价值，这部分都可能体现在未来的房租上。

因为决定房租的是房东自己，所以房地产投资是有着较大话语权的投资。有话语权的投资不仅可以提高收益率，还拥有着优秀的可持续发展能力。**通过自己的努力做好维护工作，即使出现什么问题，也能在问题变大之前处理掉**，这是房地产投资的有利之处。

而且，与企业经营等不同，在房地产投资的领域中，并不是必须根据市场动向不断转变策略，不断接受新事物才能取胜。有无数种做法可以用来提高稳定收入，哪些人会成为自己的租客，租客想要什么，只要动动脑筋，绝对是能得到回报的。花费了多少钱，自己的房子增值了多少，都能清楚地看到，这是非常值得一试的投资方式。

能随心所欲地发挥作为事业经营者的手腕，而且能够直接在收益上看到相应的成效，我认为这正是房地产投资的妙处。

5. 房地产投资竞争对手少

我喜欢房地产投资的理由之一是,进行房地产投资的人绝对比进行股票投资和外汇投资的人要少。

究其原因,单纯是房地产投资在金钱上的准入门槛很高。即使不是从整栋出租房而是从区分公寓和一户建开始,投资额最少也要数百万日元,正如本章第 2 节中所述,因为有"对新手来说很危险"这样的先入为主的观念,所以进行房地产投资需要相当大的勇气。

当然,本书的初版于 2010 年刊行,新版于 2016 年刊行,最新版于 2021 年刊行,至今,房地产投资人数一年比一年多也是不争的事实。不过,即使如此,比起初版的时候写到的"即使通过读书或参加研讨会获得了知识,但将其付诸实际行动的人,100 个人中都不知道有没有 1 个",也不过是变成了"100 个人中或许有一两个"这样的情况。

所以房地产投资的形势是没有什么变化的,以前那些沿袭下来的继承人等高龄房地产持有者占了投资者的大半。但是在我所见所闻的范围内,这样的房地产持有者中,学习租赁经营的人非常罕见。"比起以空地和田地(没有农业继承人的情况下)

的形式继承,在上面建造租赁房子其继承税会下降一些",听信房屋建造商这样的花言巧语(虽说其逻辑本身并不一定是错误的……),建了出租房就甩给管理公司来管理,这种情况很多。

很多人觉得,房子建了就结束了,买了就结束了,之后就自动生钱了,然而事实并非如此。真正重要的是在那之后如何招租,如何满室经营,这些才是关键。

所以新人选手也有充足的胜算。即使在刚开始投资活动的地区已经有了一些好好学习过的、经营上也很上心的房东,也不是要和他们一对一较劲,比拼的对手是其他一大群不上心的房东。另外,这不是全国晋级赛,**限定在某个地区,只要房子能满室经营就算获胜了。**

房地产投资不需要与人争第一,第二、第三的位置也不错。从这一点来说确实挺有安全感的,所以说房地产投资是个不怎么内卷的领域,后来者也能居上,领头羊也未必一直是领头羊,反而新人更容易想到一些新的装修点子。因此,你只要比别人多努力一点,就可以获得充分的胜算。这也是房地产投资的魅力所在。

6. 房地产投资是能自动赚钱的被动收入项目

可以一边做主业一边经营房地产，这是房地产投资的一大优势。

为什么这么说呢？因为房地产领域对房东有明确、完善的支持体系。招租、征收租金、房客投诉应对等房屋的管理工作可以委托给房屋租赁管理公司（以下简称"房管公司"），装修可以交给装修改造公司和具体干活的人，房东需要干的只是下指示。

例如，如果房管公司报告说"几号房的租客下个月要搬走，出租房改造美化需要付多少钱"，房东只要同意一下就可以了；如果报告说"漏雨了"，就给房管公司下指示"请尽快安排修理，应该是在保险范围内的，请让来修理的人拍个照存证"。这并不是一项很耗时间的工作。还有一种情况叫"自主管理"，就是房东自己管理租赁房屋的方式。另外，擅长 DIY 的朋友，一定程度的装修自己动手也是可以的。省下的那部分钱可以存起来，另作他用。虽然这也是房东说了算，但我觉得有本职工作的人在管理、装修等方面花时间和精力是没有效率的。

序章 为什么要进行房地产投资

我现在住在美国，在当地投资房地产，取得美国房地产交易资格后也有在做房地产交易中介的工作，每天都挺忙的，而留在日本的出租房和塔楼公寓，我也只需一封邮件和一个电话，就可以顺利进行操作。

房地产投资不是个轻松的活儿。从购买到经营，再到走上正轨是相当不容易的。为了买到好的房子，收集信息是必需的。线上看见合适的房子也必须去现场看，到了看房现场要收集第一手信息，还要与卖家进行价格谈判，为了获得银行融资，还要与银行进行谈判，会消耗大量的精力。此外，还要决定委托哪家房管公司进行管理。如果需要马上装修，还要去找改造从业者。还要去拜访很多房地产公司，收集多方报价。所有这一切都是非常辛苦的体力活。

但是，克服了这些困难，购入房产后，如果能找到值得信赖的房管公司或改造从业者，那就相当于建立了一个**自己的"团队"**。房屋开始出租后，团队通过不断处理各种各样的问题，一年年下来，房东和团队之间的信赖关系就会变得越来越牢固。**甚至有可能让人忘记自己有房子，只等着每个月租金入账**……能够达到这种轻松赚钱境界的，也就只有房地产投资了。

7. 房地产投资的 5 大风险

到这里,已经介绍了不少房地产投资的好处,但房地产投资也不全是好处,当然也有风险。在这里告诉大家几点关于房地产投资的相关风险。

①空置风险。

这是房地产投资最大的,而且是不可避免的缺点。如果房子没有人入住,就收不到房租,收入上不去,每个月要还的贷款也不会减少。即使房子是用现金购买的,也要花费固定资产税、都市计划税、保险费(火灾、地震)、共用部分的水电费等运营成本。即使在有租客的状态下购买房产,租客会一直住下去的可能性也很低,如果长时间持有一套房产,无论如何也避免不了空置的发生。

但是通过房东的努力,是可以将房屋的空置期压至最短的。因此,如何接近满室经营,是房地产投资成功的关键。

②心理瑕疵风险。

股票投资会有企业倒闭破产的风险,房地产投资则会有房屋破损与遭遇火灾、地震的风险,当然这些风险可以通过买保险对冲,不会有什么大问题。但是令人恐惧的是如果发生自杀、死亡事故、杀人案件等不同寻常的事件，光有保险也搞不定。

因为这些原因，租客有可能会很快搬走，这是可以预见的。对于下一个租客也有义务说明这些情况。那样，房屋或许会继续空置下去，不仅是发生事故的那间房，一旦有了负面评价，整栋楼有可能都会受到长期影响……

为了应对这些情况，应拥有多栋房产，这样可以分担风险。以年间600万日元的租金收入为目标，不能仅仅拥有一套房子，最好拥有3套年间200万日元左右的租金收入的房子为战略性目标。

③流动性比较低。

如果是股票投资和外汇投资，由于某种突发情况，突然需要现金可以马上变现，但是房地产投资就不能这样了。因为是大额交易，所以买主也很慎重，从卖出到结算，最快也要花1个月的时间。如果买主不是用现金而是用银行贷款购买，时间会更长。

即使价格只能卖高一点儿，房东也会想尽办法，这是人之常情。但是如果高卖的话，买家是不会很快出现的。一旦表现出急着要卖，价格还会被压下来。从结果上来说，价格压到一定程度（指能卖出去的价格），可能要花好几个月的时间。但是，如果房产可以拿去抵押做担保，即使不把房子卖出去，你也可以调动一定额度的资金。

④手头上要处理的金额较大。

在房地产投资方面,因为交易金额比较大,所以万一失败了,很难再次爬起来。而且房子也不是能够简简单单就卖得出去的东西,所以,想要马上把房子抛出去,然后买个其他的房子,这基本是办不到的。

另外,贷款去买的话,还得背上很长一段时间的债务,这意味着会产生相当大的风险。特别是如果以浮动利率贷款,还是在还贷比例较高时贷了款,风险就更高了。如果为了避开这个风险,而去增加自有资金的比例,也就是说花费自有资金中比例相当大的一部分来买这套房子,直接就被套牢了,要是产生一些预想不到的支出,或者想买新房,资金就会周转不过来。

⑤不擅长人际交往的人不适合进行房地产投资。

如第30页说明的那样,租赁经营在很大程度上依靠房管公司和装修从业者这样的外包团队。与他们建立信任关系,和他们作为一个团队进行合作,这一点非常重要。且不说自主管理、DIY装修的人,对于那些不擅长建立人际关系的人来说,这可能算是一种风险。

8. 即使少子化和人口减少，也不影响吗

由于少子化，日本的人口在 2005 年首次出现负增长。之后虽然人口增长率也有转成正数的年份，但从本书初版出版的第二年（2011 年）开始，日本人口就正式进入了衰退阶段（根据总务省统计局的数据）。近年来日本每年减少 20 万～30 万人，相当于茨城县的水户市和福岛县的福岛市这样的县政府所在地的城市人口在 1 年内消失得无影无踪，这是一个可怕的趋势。

也就是说，需要租房子的人也在减少，所以在这之后可能会出现房屋供给过剩的问题，我也很理解大家会抱有这种不安的想法。

然而，2016 年发行的新版中写到 "2019 年户数也将迎来峰值"，根据总务省基于居民基本台账的人口动态调查，实际上 2019 年户数反而在增加。从户口组成上来看，虽然户均构成人数有所下降，但很明显，核心家庭化现象正在加剧，甚至单身家庭也正在增加，特别是老年人单身家庭在大幅度增加。

户数比人口实际数量更影响租赁需求。 当然，未来家庭数量也不可避免地会减少（根据国立社会保障和人口问题研究所的推算，峰值是 2040 年），但我认为在近 10 年或 20 年不会立

刻出现很严重的事态。

但是，将来人口集中的区域和人口稀疏的区域可能会出现两极化。首先得避开那些人口会减少的区域，这样也能一定程度回避空置风险。

就像区域上的两极化，在租赁房子上也会出现两极化——炙手可热或无人问津。

无论是什么样的商业模式，投资者肯定要分成胜利者和失败者两类。房屋租赁很大程度上取决于供需平衡。如果供不应求，房东不需要怎么努力就能找到租客。但是，如果供大于求，不积极采取措施，房子就不会被租客看上。相反，在一些小地方，即使入住率大概只有一半（因为需求也不是说完全为零），那些积极主动的房东如果能把握住这一点点的需求，也是有可能通过自身的不懈努力做到接近满室经营的。

商业模式都是共通的，就算市场规模缩小了，会赚钱的人肯定还是在赚钱。就像刚才说的那样，在房地产投资的领域里，没有多少竞争对手，因此也没必要精神紧绷。

9. "南瓜马车"事件发生之后的融资情况

2018年轰动一时的"南瓜马车"事件,对房地产投资感兴趣的朋友们应该记忆犹新。"房地产投资果然还是很有风险啊",社会层面对待房地产投资也不再宽容,这一事件给高涨的房地产投资热泼了一盆冷水。

这个事件是由一家名为 Smart Days 的包租公司引发的。包租是指包揽租房工作并保证给予房东一定房租的机制。"即使出租房空置,包租方也会保证给房东满房房租的 90% 租金收入哦"(保证的百分比要以合同为准),包租方会以这样的方式来说服房东把房子租给他。

"南瓜马车"是 Smart Days 运营的女性专属合租房的品牌名称。虽然这么说,但它并不是自己建房子,而是让房地产投资者建造房子,然后以转租的方式将房子租出去。"南瓜马车"就是以这种形式运营的。

对于 Smart Days 来说,这项包租业务是亏损的。通常,所谓的包租合同,如果入住率不高,房租是需要重新调整的,保证给予房东的租金也需要下调,而"南瓜马车"没有这样做。

为什么不需要这样做呢？是因为它在"别处"赚得盆满钵满。

"别处"就是指建筑成本的回扣。按照业界的惯例，如果给建筑公司介绍生意，可以得到 3% 左右的回扣，但是如果是"南瓜马车"，竟然可以得到 50% 的回扣。

为了筹集这笔回扣费用，原本只需要花费 1 亿日元建造的房产，也会被建造者想方设法将建筑费用提高到 2 亿日元。这时，如果包租机制下的担保房租没有吸引力，投资者也不会同意，所以为了能够展示出优异的业绩，即使亏损，"南瓜马车"也不会重新调整担保房租的比例。

但是这样胡来的方式不可能持续太久，Smart Days 因为背负高达 1053 亿日元的债务而破产。包租公司担保的房租没法付，投资者也因无法偿还银行贷款而不得不背负起无望还清的巨额债务。因为本来就是以 2 倍于成本的价格建造的房子，所以收益率很差，价值也低，这也是必然发生的结果。

"南瓜马车"事件发生以后，融资形势趋于严峻。

话说回来，在"南瓜马车"这起骗局中，向投资者提供贷款的正是骏河银行。一般情况下，银行不可能向建筑费用比原来高出一倍的项目提供贷款，但为了提高贷款成绩，骏河银行也加入了这起骗局。

结果，投资者团体中甚至还出现了自杀者，他们以"漏洞百出的贷款助长了不正当商业模式"为由，向骏河银行寻求经济上的救助，并于2018年2月提起诉讼。这就是"南瓜马车"事件，在房地产投资者中也被称为"骏河银行事件"的始末。

另外，继骏河银行之后，其他金融机构也陆续被曝出在贷款和建筑基准法方面的不正当行为，银行业整体也面临整顿。

至此，房地产融资的"寒冬时代"来了。话虽如此，在银行也生存艰难的时代，像房地产贷款这种以房产为担保，可以长期赚取利息（利润）的业务，不可能就这样被冻结。**虽说这方面的贷款变得严格了些，但并不意味着贷款停止了，再次对房地产贷款展现出积极态度的银行也在陆续出现。**就目前的形势而言，首先是从冲击中恢复过来，贯彻新规，在此基础上，融资的窗口也会一点点重新开启。

本书将在第3章详细介绍融资方面态度积极的银行和获得贷款的诀窍。希望大家以此为参考，以房地产投资者的身份大展宏图。

10. 新冠肺炎疫情对房地产投资的影响

首先，在贷款方面，由于之前提到的"骏河银行事件"等丑闻，社会层面对房地产投资的态度不再宽松，金融部门也擦亮眼睛收紧贷款口子，同时，新冠肺炎疫情进一步加剧了紧张的局势。

这并不是"因为新冠肺炎疫情，所以不对投资者发放贷款"，而是因为金融机构忙于应对餐饮、旅游、活动、娱乐行业等直接受到疫情打击并陷入危机的企业的紧急贷款申请。有一段时间，金融机构甚至根本顾不上审核出租房和塔楼公寓的贷款申请，在这样的形势下，很多人为了获得贷款而格外操心，但听说现在这种情况已经得到了很大程度的缓解。

房租担保公司倒闭，民宿需求遭遇重创，租赁经营方面也受到影响。房租担保公司的相继倒闭引人侧目。关于"房租担保"会在第252页进行详细说明，简单来说，就是在住户发生拖欠房租或半夜逃跑等情况时，由房租担保公司为其代缴房租的服务（之后房租担保公司会向房客收取代缴的房租）。

2020年4月，一家名为"环球租赁担保"的房租担保公司以"受新冠肺炎疫情影响"为由停业。2020年7月，另一家名叫"日本租赁管家"的公司（JRA）因新冠肺炎疫情扩大，导致资金周转不过来，继而停止了业务。不过，有传闻称，前者也有可能是因为受到其公司老板另外经营的美容公司的减收影响，后者则因为是通过积极地向老年人和外国人提供担保而发展起来的公司，所以导致审查过于宽松。

其他的房租担保公司都有在经营，没有倒闭，所以我认为"由于新冠肺炎疫情引起经济不景气，房租拖欠频频，风险很大"这种说法是不成立的。

另外，租赁经营在很大程度上依赖房租担保公司，所以与环球租赁担保公司和JRA签约的房东们一定很不容易。虽说只要换成别的公司就行了，但有可能导致对全体租客的审核无法顺利进行，也有可能产生新的担保费用。

其他方面，对于新型冠状病毒感染比较严重的市中心，根据东京都居民基本台账的调查，从1997年开始，其人口一直持续增长，但由于新冠肺炎疫情，2020年仅略微增长，到了2021年终于出现了负增长。

随着远程工作的普及，人们不用住在市中心近郊了，反而出现了把办公室搬到郊区的情况。另外，根据外务省所采取的防疫措施，在无特殊情况下拒绝入境或加强检疫等指示，进一步限制了来自日本国外的人群流动，这对入境需求来说是灾难性的打击。当然,对期待民宿需求的房东来说更是重大打击。

我持有的房子中,东京都目黑区的房子被法人租借为简易宿舍,但由于观光客的减少而退租了。栃木县小山市的房子接收了外国专科学校的学生租住,但学生们由于新冠肺炎疫情无法来日本,该房子也空置了一段时间。市中心就更不用说了,以外国人为招租对象的房子也陷入了困境。

不过,我在小山市的房子中,日本家庭入住的房间和以往一样有进有出,2020年空置的反而很少。影响可能更多来自所处区域和房子本身。因此,如果有人说"由于新冠肺炎疫情,现在最好不要投资房地产",我认为还不至于这样。

第1章

瞄准地方的整栋出租房或市中心的老旧出租房

11. 别被"表面收益率"欺骗

从这一章开始,将正式进入我所采用的房地产投资方法的核心,在此之前,我将再次解释一下我对"收益率"的看法,这是投资中一个重要的指标。

从在售房产的信息来看,如果是用于投资的房产,上面就会标有假定满房的收益率。2000万日元的房子,如果能满室经营,一年能得到200万日元的房租,这所房子的"收益率"就是10%。

但是这仅仅是"表面收益率",顾名思义就是表面上的数字,如果你认为实际运营也可以达到这个收益率就大错特错了。这只能算是一个粗略估算的数字,假设购买时各项费用增加一成,收益率就会降至9%。

此外,如果算上包括火灾保险费、地震保险费、向租赁管理公司支付的管理费、共用部分的水电费、固定资产税等税金在内的运营成本,收益率还会下降。假设保险可以用廉价的"共济式"解决,将这些成本粗略地加起来一年算20万日元,年收益就会降到180万日元。这样重新计算的话,房屋购买费用是2200万日元,年收益是180万日元,这个时候收益率就降到8.2%了。

第 1 章 瞄准地方的整栋出租房或市中心的老旧出租房

不要忘记还有贷款的支付哦。如果能申请到零首付、固定利率为 1%、贷款期限为 30 年的全额贷款（除去各种费用），那么，其年还款额约为 77 万日元。也就是说年收益会下降到 103 万日元。再次重新计算后，实际收益率只剩下 4.7%。

而且这是固定利率 1%、30 年还贷期的贷款，算是条件相当好的贷款了。如果贷款的利率更高，或者还款期更短，实际收益率还会进一步下降。另外，这个算法没有将空置期和装修改造计算在内。如果发生退租，就会出现空置期，也需要装修。也有可能碰到前房东不怎么打理的二手房，刚买入就需要进行大规模装修改造。市面上也存在表面收益率为 20%、30% 的房产，但这种房子往往会因为大规模的装修改造导致实际收益率大幅下降，这些都是投资者必备的基础知识。

凭我自己的感觉，"实际收益率"会比"表面收益率"低 4%~5%。卖方为了高价出售房产，当然会拿好看的表面收益率说事。房地产投资失败的案例，基本上都是盲目相信表面收益率，计划制定得过于草率所导致的。千万不要被表面收益率所蒙蔽，要极其严苛地看待实际收益率。

12. 与其购买资产，不如购买"收益产"

"房地产"也称为"不动产"，顾名思义就是"不动（动不了）的资产"。但是只有产生收益才能称得上是"资产"，所以必须吸引租客入住，使其产生"收益"。如果只是持有而不利用，就会变成白白支付固定资产税和火灾保险费的负资产。

因此，我认为投资房地产，即作为一项事业而购买的房地产，**必须是能运转起来产生收益的"收益产"**。我们经常听到"资产价值"这个词，极端来说，这种价值即使是零也无所谓。我认为比起"能卖多少钱"，"能持续产生多少现金"的收益能力（收益性）才更需要重视。

例如，假设在从市中心的涩谷站步行5分钟能到达的位置，有一个售价6000万日元的二手区分公寓楼，因为处于超优质地段，月租金是25万日元，表面收益率是5%。

另外，假设非优质地段有一栋2000万日元的出租房，因为在郊外，地价较为便宜，买入价格也便宜。如果能满室经营，表面收益率定为15%。

那么这两套房子作为资产来说哪个更值钱其实是一目了然的。但是从收益来看，一年的房租收入都是300万日元，完全

第 1 章 瞄准地方的整栋出租房或市中心的老旧出租房

不相上下。这样算的话，买入价格更低的，作为"收益产"，非优质地段的独栋出租房反而更加划算。

如果是位于市中心优质地段的公寓，相对来说，资产性高，投资者对房子的拥有欲也能得到满足。但是资产性和收益性不一定可以画等号，反而很多时候是成反比的。涩谷的这套区分公寓，如果贷款购买，实际上一个月的收益只有 1 万日元左右（房子总额的 9 成，也就是 5400 万日元是通过利率 1%、期限 30 年的贷款获取的，这 1 万日元就是扣除必要经费后的税前剩余）。这意味着这样的收入无法成为将来安稳生活的保障。更何况，将来无论是修缮公积金、保险费的上涨，还是租金的下跌，空置还是装修改造，都会将这点收益吞没，甚至陷入亏损。

当然，对于那些直接用现金购买，而且还有很多余钱的人来说，也不会为招租犯愁，算得上是一次很好的购物体验。也就是说，执着于满足拥有欲而去买那种"资产性（值钱）"的房子，有钱人这么做是没问题的。但是没钱的人首先要考虑的是**"能产生收益的资产"，即"收益产"，而不是执着于房产本身的资产性。**

首先应拿到收益产，储存现金，再以同样的方式增加收益产。这样，将来在资金充足的情况下，将其换成收益性低但资产性高、有安全感、能够满足拥有欲的房子就可以了。

13. 首先从投资整栋出租房开始

对于那些房地产投资新手，而且自有资金比较少的人，很多书上都会写着"首先从市中心的单间区分公寓[1]开始买吧"。

这种单身公寓，如果稍微老旧一点，700~800万日元价位的房源还是很多的。如果处于市中心，招租不用花什么力气。可以先不断买入单身公寓，等到资金充裕了，再买整栋出租房，这就是有些人认为的"房地产投资的正统做法"。

作为投资方法的一种，我觉得这种做法并没有错，但是我提倡的方法和所谓的"正统"投资方法不太一样。

如果是以"将来的稳定收入"为目标开始投资，我可以很肯定地告诉你，最好还是从投资整栋出租房开始。

为什么这么说呢？因为不断买入市中心的单身公寓这种做法，投资效率较差。如果是700~800万日元的房子，一个房间的房租大概是5万~6万日元，要想获得200万日元的年房租收入，就必须分3次、4次买入这种房子（买入3~4间），然后等待出租产生收益。

---

[1] 译者注：指那些钢筋混凝土结构，面积通常在15~30平方米，总户数一般在几十或一百户左右的房地产。通常供单身上班族居住，距离地铁站比较近。因为买卖总价比较低，租赁需求比较旺盛，一直以来是房地产市场上流通性比较好的品种，市场简称为"IR"或"IK"。

调查房子、和卖主的交涉、和金融机构之间的交涉、租赁管理公司选定、装修改造等，直到房子到手后产生收益为止，这一系列操作都是非常需要花力气的。但是，如果直接买有4户住户的出租房，一次就可以得到这4个房间，效率是很高的。

而且，虽说市中心的区分公寓可以得到比较稳定的收益，但是总的来说，其收益率算是比较低的，这也是我不推荐买的一个重要原因。

如果是在市中心，房子的表面收益率能有8%也属于"高收益率"，但是考虑到实质收益率，要把房子的价格成本收回来，需要20年以上。而且因为是高级公寓，所以还得交管理组合的管理费（租赁管理公司的管理费不算在内）、共用部分的修缮金等，如果运营得不好，可能要花30年才能收回成本。

不管运营得有多稳定，花费几十年运营3或4间市中心的区分公寓，才终于"把借的钱都给还清了，年租金收入也达到了200万日元"，就算因此感到高兴，这也不能算是一次成功的投资。

如果是投资整栋出租房，在产生收益前只需走一遍流程就足够。

所谓房地产投资，就是以"将来的稳定收入"为目标而进行的事业，因此如何高效率提高收益是非常重要的。理论上来说，如果能赚钱，收益率越高越有利。虽然收益率高的房子会伴随一定的风险，但是我认为这是可以通过经营者的努力回避掉的。

我将在这本书里，向那些由于日本目前的经济状况而为将来感到不安的人，特别是收入比较低的人，以"将来的稳定收入"为目标，分享我认为最合适的方法。

有钱人有有钱人的投资方法，没有钱的人有没有钱的人的投资方法。对于那些没有钱的人，从起跑线开始，就处于不利的情况，所以一般的投资方法不太适合他们。他们必须主动去拥抱那些可以消除的风险，绞尽脑汁，不断去努力，才能开创一个光明的未来。

因此，如果要投资，最好还是从整栋出租房开始，而且收益率最少达到13%，如果可以，最好是17%以上的高收益房子，要以这样的房子为目标。

如果有这样一栋房子，价格为1500万日元，收益率为13%，运营时实质收益率能有8%左右，并且不用向管理机构交管理费和修缮积立金。**如果能满室经营，12~13年就可以收回房子的成本了，这样就拥有了一栋没有任何欠款、年租金收入达到200万日元的收益房。**

而且房子买入后产生收益前最耗费精力的各项流程（各种税费、装修等），都只需一遍就搞定了。现在大家知道独栋出租房赚钱有多高效了吧！

14. 投资前应设定战略目标

说到"将来的稳定收入",我认为标准因人而异。有人认为"除养老金以外,每月有10万日元就可以了";也有人认为,"养老金是靠不住的,所以每月需要50万日元";甚至还有人认为"1年得要1000万日元"。到底多少算稳定收入,确实有各种各样的看法。

如果"除去养老金,每月收入达到10万日元"就可以,那么在市中心经营2、3间房租6万日元左右的单身公寓就够了。就我个人而言,基于对日本长期局势的判断,如果"每月多赚10万日元",我会感到不安,但是每个人的情况都不一样。

我所认为的经济上的稳定收入,就是**拥有每年1000万日元的房租收入,以及拥有市场价格为数千万日元的实物资产(房地产)**。之所以得出每年1000万日元的结论,是因为收入越高,需缴纳的累进税的税率就越高,以及如果有这样的收入,即使日本经济状况再差,家人也不会为温饱而发愁。

假设购入房屋的收益率为13%,可以通过以下3个步骤实现这一目标。

① 购买1栋1600万日元的出租房(满室时1年的房租收入为208万日元,**收益率为13%**)。

② 再买 1 栋同样的 1600 万日元的出租房。

③ 购买 3 栋 1600 万日元的出租房（满室时 1 年的房租收入为 624 万日元，收益率为 13%）。

具体而言，最初买入步骤①中 1600 万日元、收益率为 13% 的房子，通过低利率的长期贷款，适当提前还款来积累资金。以所得资金为本钱，几年后再贷款购买步骤②中 1600 万日元、收益率差不多的房子。持续运营，让两栋房子产生收益，积累资金，8~9 年后购买步骤③中 3 栋同样规模的房子，或者 2 栋 2400 万日元、收益率 13% 的房子。

这样，10 年后就可以实现"年房租收入 1000 万日元"这一目标。这是理想的情况，但绝不是不可实现的。实际上，我就是通过这种方式，不断买入房产，在第 5 年，年房租收入达到了 5000 万日元。

当然，我想大家也注意到了，以上这些推算是按表面收益率进行的。保险费和管理费，固定资产税和都市计划税，共用部分的电费，以及装修改造费和还贷等必要的费用都没有考虑在内。不过，如果能满房经营，年租金收入达到 1000 万日元是肯定没问题的。你可以把那些必要经费支出当成是从你账户上划出去的。

如果年房租收入达到了目标值，决定不再继续买入房产，那么可以选择将贷款余款提前还清。如果没有需要偿还的贷款，支出就会大大减少，在拥有"市场价8000万日元（1600万日元×5栋）"的实物资产（房地产）的基础上，就会十分接近名副其实"年房租收入1000万日元"的状态。

因为房地产投资是一项事业，所以最好事先制订长期的事业计划。根据投资目标的不同，应该采取不同的投资战略。

就像之前说明的那样，手头资金不多的人，如果想在将来年房租收入达到1000万日元，一开始就不应该购买市中心的单身公寓。

如果以"年房租收入400万日元"为目标，在买入第2栋出租房后就可以收手了。如果是这种规模，我觉得收益率不到13%也可以。收益率高的房子有"老旧""修缮费用高""空房"等风险，所以用2000万日元买2栋收益率10%的房屋，然后将其运营到接近满房就可以了。

只要明确了自己的目标，就能制定出实现目标的合理战略，运用什么样的战术来经营每一处房产，也就自然而然地有了答案。

10年后，或者20年后，你希望自己的收入能达到什么水平？请从问自己这个问题开始。

15. 实质收益率最低 8% 要死守

本书的忠实粉丝可能会注意到,前面介绍的模拟收益率在此书的每一次修订中都在下降……

2010 年出版本书的初版时,收益率还有 20%,现在看来,那时超高收益率的房产也不少见,模拟也是按照收益率 20% 进行的。2016 年出新版的时候,这样的高收益房子已经降低到了"仔细找,可能有"的水平,模拟只能按照现实情况降至 17%。而这一次改版,收益率更是降至 13%。

市场上高收益率的房子一年比一年少。**因为二手房价格在上升,所以整体收益率在下降**[1]。

这是市场的大趋势,投资者也无能为力。我们只能在给定了的形势下一决胜负,即便如此,我们也有无数种取胜的方法。我认为至少从现在开始投资房地产还是不晚的,如果不去挑战就太可惜了。不惧误解地说一句,就算房子变旧了,如果还能提高收益,那就意味着在收益率下降(挂牌价上升)的情况下还是存在需求的。因为房地产价格不会一直跌,如果能够以底

---

[1] 译者注: 因 2017—2023 年日本房地产市场经历了一波明显的上涨,本书出版之时,整体收益率继续下降。具体可参考日本经济新闻 2023 年 3 月 23 日头版头条文章《公示地价 15 年以来上升率全国平均 1.6%》。

第 1 章 瞄准地方的整栋出租房或市中心的老旧出租房

价购入，我认为风险也是可以做到最小化的。那么，在实际市场中就应该瞄准那些高收益率的房产，就像前面模拟的那样，**我认为 13% 的收益率就是现实中的底线。** 我觉得很难找到这种房子，但通过大量增加看房数量实行"房海战"，以及运用谈判技巧，我们将不断向这个指标靠拢。

但是市场上也有表面收益率达到百分之二三十的房产。例如，一座位于远郊路边的房子（废墟般破败），其中一楼原是租借录像带的店，二楼是办公室和住所。我认为，即便将其装修改造一番，重新运营起来的难度和风险也相当大，实际收益率会比表面收益率低很多。

话虽如此，房地产市场前景还是很广阔的，2019 年有位住在秋田的先生参加了我组织的网络研讨会，他从 2015 年开始在当地投资房地产，以比挂牌价更低的价格购入了需要花点力气运营的房产，表面收益率达到了 40%～50%，几年时间买了好几栋，成功地通过改造装修让房子焕新，运营也步入了正轨，很快就退休了。这样高收益率的房子有些地方还是有的，并且投资整栋房子的效率是压倒性的好。我再一次体会到，只要有干劲并付出努力，就没有不可能。

收益率确实比以前下降了。在市中心，即使是表面收益率为 10% 的房产，现在也不能说到处都能找到了。我想，现在和本书初版发行时不同，**高收益率房子不是靠"找"，而是靠"自**

己打造"的。应尽量进行砍价谈判（第 4 章），低成本地进行改造装修（第 6 章），其诀窍也将在后面的章节中进行说明。

另外，并不是所有的情况都比过去差了，**收益率下降的同时银行的贷款利率也比过去下降了很多。**2010 年本书初版发行的时候 3% 的贷款利率还算是可以接受的，但是现在 2% 才是普遍的，以不到 1% 的利率贷款的人也很多。

所以初版中提到的"实际收益率比表面收益率低 5%~6%"，在这版中改成了低"4%~5%"。

那么话说回来，在收益率已经这么低的当下，更需要我们去严格把握实际收益率。在当今时代，绝对要死守住的实际收益率为，从表面收益率 13% 减去 5%（包括贷款利率在内的以年为单位的开支），也就是 8%。当然这个数值肯定越高越好，但这需要和风险进行权衡，考虑到两者的平衡问题，就把 8% 作为标准了。那么收益率在 8% 以下怎么办？要是这样的话，没有钱的人想以这种收益率达到"将来的稳定收入"的投资目标，应该是没法成功了。

以 8% 为最终防线，如何通过自身的干劲和努力经营使实际收益率接近 10%，这将是成功的关键。

16. 以非优质地段或者市中心的老旧出租房为目标

那么具体来说,为了实现"年房租收入1000万日元"的目标,应该买什么样的房子呢?

目标无非是以下两种。

①非优质地段[1]的整栋出租房。

②市中心[2]的整栋老旧出租房。

不管买哪种房子,购入价格都在1000万～2000万日元,收益率在13%以上。当然收益率肯定越高越好,不过也别忘了收益率在变高的同时,风险也会变高。

1000万～2000万日元的出租房,在房地产投资领域算是相当便宜的。如果是收入不高的人,他们能买得了的房子就在这个价格区间里。即使是这样便宜的房子,如果像51页的案例中说

---

[1] 译者注:日文原文为"地方",参考内阁官房颁布的《城镇、人口、就业综合战略(2018年修订版)》,"地方"一词,一般指东京圈以外,相对于"中央"。房地产业界对于"地方"一词理解为小地方、小城镇或都市远郊。因此本书译为"非优质地段"。
[2] 译者注:日文原文为"都心"。维基百科的解释如下:宽泛来说"都心"一词通常指商业功能(办公区)集中的中心城区。东京、大阪、名古屋三大都市圈的功能划分已取得进展,并拥有广阔的中央商务区(CBD)。在东京都市区(首都圈、关东地区),"都心"一词经常被用作"东京市中心"的缩写,指东京的中心。另外,三省堂的《新简明日英词典》(案头版)第1版(1976年)只列出了"the center(heart) of Tokyo"作为"都心"的翻译。

到的那样，持续买入四五栋，一年的房租收入也能达到 1000 万日元左右。另外，分散投资也能相应地分散风险。

为什么要选择非优质地段和市中心的老旧房呢？原因很简单，如果不具备这些条件，就很难达到 13% 的高收益率。**高收益率的房子，换句话说就是高风险的房子。如果能看清风险，并通过努力克服风险，那么我们就可以去主动承担这些风险，这是我想提倡的做法。**

首先，非优质地段不像市中心那样聚集了很多人，所以在招租问题上会有些许不安。很多挂牌出售的房子一半以上的房间都处于空关状态，这样一来就找不到买家，那么房价必然会变低，同时收益率也就变高了。

但是，即使是在空房率很高的地区，也有做到满室经营的人。另外，非优质地段的情况，我在序章中也有说过，因为那里的房东有很多都是在悠闲度日的佛系老人家，所以棘手的竞争对手少，这也是非优质地段的一个加分因素。

与之相对，市中心的老旧房又有什么优势呢？因为地处市中心，所以租赁需求是不需要担心的，只要地段好，我认为招租方面就不会有什么大风险。

不过需要补充一句，在市中心花 1000 万～2000 万日元可以买到的旧房子，仅限于已经过了 40～50 年的"法定耐用年数"的房子。因为法定耐用年数的限制，木结构住宅的使用期限规

第 1 章 瞄准地方的整栋出租房或市中心的老旧出租房

定为 22 年。当然这只是税法上的概念，并不是说超过这个期限就无法居住，或必须重建。事实上，我们生活中随处可见房龄 50 年，甚至 100 年的房屋。而且这样的旧房屋，短期内可以折旧，因此也存在以节税为目的的购买群体。但是，越旧的房屋在对外鉴定估价中，"剩余价值"就越低，因此在申请金融机构贷款时会比较困难，这算是投资该类房产的缺点。

另外，因为这种旧房子很多地方都破破烂烂的，如果不动手装修改造一番，容易被入住者敬而远之。所以这类房产才会被廉价出售。

但是金融机构对房子怎么估价，跟入住者是无关的，因为不管房子多么老旧，都是可以住的。如果能从外墙涂装开始好好改造装修一番，使之成为有吸引力的房屋，我想和房龄就没有那么大的关系了（年轻女性等群体在意这些的人可能比较多……）。另外，市中心老旧房的优点是，地价虽然贵，但是面积很小，建筑物的价值几乎为零，所以固定资产税并不高。

关于如何进行装修改造，我们将在第 6 章进行详细说明。而且如果是在市中心，因为人口聚集，就具备了一定的租房需求，因此是十分具有竞争力的。比起其他因素，最近的车站的乘客流量，距离车站的远近，以及所处地段的便利程度更为重要。如果这些方面表现良好，那么房子本身的瑕疵在一定程度上是能得到弥补的。

17. 自住房和投资房两手抓

有人向我咨询过这么一个问题："开始房地产投资和购买自住房，应该优先考虑哪一个呢？"

这是因为在购买房地产的过程中，贷款是必不可少的。然而，金融机构会将自住房的住房贷款也计入负债中，这将成为申请贷款时的拖累。金融机构的贷款额度也是有限的，所以将资金集中到能产生收益的房子上才是上策。

但是，根据金融机构以及其负责人的不同，也有可能将拥有自住房的人视作"有自己房子的可靠的人"，所以即使还有没还完的贷款，有自己房子这条也会是个加分项。在金融机构负责审查工作的很多都是上了年纪的人，其中肯定有人抱有这种看法。

尽管如此，我认为还是应该优先考虑房地产投资。一方面，银行里负责融资审查的到底是什么样的人，我们是不清楚的；另一方面，对于手头上有 300 万日元的人来说，用这笔钱作为首付购买 3000 万日元的自住房，然后还要一边还贷一边再次攒够 300 万日元用于下一套房产的首付，这个过程真的太不容易了。所以即使想要购买自住房，最好先开始房地产投资，建立一套钱生钱的可持续发展机制。

第 1 章 瞄准地方的整栋出租房或市中心的老旧出租房

不过,人生不是一直按部就班,"想要就买了"这种情况也是有的。例如,如果你有一个调皮的孩子,比起租房生活,你更想在一个有院子的房子里舒舒服服地养育他,这一点是可以理解的。对于这样的人来说,自己家提供的生活环境是"无价"的。另外,如果妻子是全职主妇,一天中度过时间最长的地方就是家。在这种情况下,如果想要得到家人的理解和支持,优先投资而不是买自住房可能就不太合适了。

走进住宅区,你见过以下这种房子吗?虽然是箱形的出租房和公寓,但一楼是带院子的房东自住房,楼上是集体住宅。又或者,在朋友住的出租公寓里,"顶楼住着房东"。

这种房东的自住部分和租客的租赁部分合并在一起的房子就是"租赁并用住宅"。这样既可以拥有自己的房子,又可以同时租赁经营。可以用租赁部分获得的房租来偿还包括自己居住部分在内的房屋贷款,在同样的房屋面积下,比起一边自己租房子住一边经营出租房,钱更容易积攒起来。

另外,这种租赁并用住宅的优点是,**如果自住部分的比例有 50%,就可以申请到住房贷款。**住房贷款可能大家都知道,它可以以比投资用房更低的利率获得贷款期更长的贷款(过去邮储银行曾与骏河银行合作,即使自住部分只占三分之一,也可以获得住房和出租房的组合贷款,但不幸的是,这项业务因骏河银行的丑闻而不再受理)。

由于包含自住部分,我认为有可能从各金融机构获得比100%的投资用房条件更好的贷款。

缺点是如果买地新建,则需要相当多的资金和时间。不过,也可利用各种各样的操作方法来进行弥补。例如,1楼和2楼各2户,买入这样的4户二手出租房,然后打通1楼或者2楼的2户,合并在一起改成自住区等。

"寄居蟹作战"——边住边装修

从一户建开始投资,为了在不久的将来买下整栋出租房而存钱,有一种做法俗称"寄居蟹作战"。

这种做法在市中心很难办到,但是在非优质地段买几百万日元的房子,自己一边住一边改造,下次再买差不多一样的房子,搬到那边后把前面改造好的房子转租出去……"寄居蟹作战"就是这样反复进行相同操作的作战方式。

假如以1年1栋的速度不断买入售价500万日元、房租一年80万日元左右的一户建,3年后除了本职工作收入,还会有年房租收入240万日元(80万日元×3栋)、实物资产1500万日元(500万日元×3栋)。如果只是几栋一户建,也可以做到自主管理,还能节省自己居住需要支付的房租,因此攒钱速度很快。虽然每次购买房子都要花费精力,但可以当作通过购买便宜房产积累房地产交易的经验以及提前熟悉操作流程。

"寄居蟹作战"最大的瓶颈就是自助改造了。这个过程对于那些对"周日木匠"(指自己DIY一些家具)没什么兴趣、笨手笨脚的人来说,可能会很痛苦。反过来,对于那些擅长动手操作或在控制成本方面有经验的人,如果能够得到家人的理解和支持,那么不妨尝试进行这类改造。这同样适合那些既想自住,又希望兼顾房地产投资的人群。

18. 自筹资金最少准备 300 万日元

为了购买并经营规模为 1000 万～2000 万日元的房产，根据我的经验，自有资金至少需要 300 万日元。

与 2016 年推出本书的新版时相比，如今银行应对贷款申请是比较消极的。正如序章所说的那样，"南瓜马车"事件和此后相继发生的金融机构丑闻事件带来的负面影响很大。要想获得房产买入价的满额贷款，即全额贷款，我认为在现在这种形势下是相当困难的。非优质地段的房产和市中心的老旧房就更难获得条件较好的贷款了。

即使获得了全额贷款，贷款金额的上限就是房产购入价格。购房时的各种经费支出需要用自有资金支付。例如，支付给中介的手续费、贷款手续费和担保费、登记许可税和给予司法书士的报酬、固定资产税、都市计划税、印花税，以及火灾保险费等，这些加起来，通常占房产购入价格的 5%～7%。此外，可能还需要立即进行装修改造，再加上几个月后需要支付的房地产取得税和短期运营资金等，考虑到这些因素，自有资金在 300 万日元以上，我认为才能够安心购房。

如果无法获得全额贷款，就需要从自有资金中筹集首付款。假设首付款需要支付的金额占所购房产的十分之一，如果拿出

150万日元作为首付款去贷款，剩下的150万日元将用于前述的各种经费支出。这样一来，就没有剩余资金可用于运营和装修改造。如果当前的入住率还不错，那么就可以在房子到手后一个月内收到租金，这或许能补上运营资金不足的漏洞。然而，如果房屋空房情况严重，且必须进行装修改造才能出租，就需要另行申请装修改造贷款，来充当修缮费用。

由于装修改造贷款可以将所购房产用作担保，我认为申请该贷款应该不会有什么问题。因此，**自有资金至少需要300万日元，这是最低标准。**

归根结底，为了获得贷款，就必须让金融机构觉得"给这个人放款是没问题的"。因此，至少拥有300万日元现金这点非常重要，这样在金融机构看来，你"在购房后仍然可以应对各种经费支出并且运营资金也较为充足"。

从这点来说，就像"验资资金"一词所阐释的那样，暂时向亲戚朋友借钱，然后给银行展示自己的存折余额也是一种策略。银行可能会要求你解释为什么存折上的金额突然增加，但在这种情况下，你可以诚实地回答"这是亲戚朋友给的援助金"，这样是没有问题的。实际上，即使不动用从亲戚朋友那里借来的钱，另行申请装修改造贷款对房屋进行翻新，这也是没有问题的。

不过，即使金融机构审核通过了，如果日本税务署查到账户里突然多了一大笔现金，就有可能被视为"赠与"，将其纳入赠与税范围。保险起见，为了做出这是"借来的钱"的样子，最好制作一张借据，表明你是用和市场上行情相同的利率借来这笔钱的。

那么，如何攒300万日元呢？那就只能大家各自努力吧！我知道在经济不景气的情况下存钱是很困难的，但我认识的人里有一对夫妇，他们的年收入加起来是450万日元，他们从每月房租8万日元的公寓，搬到了郊外每月4万日元的出租房里，还把车卖了。就这样他们在一年内存了300万日元。即使不那么努力，**只要不奢侈度日，勤俭持家，也许在2~3年内就能攒到足够的钱。**

存钱是一种稳健务实的行为，抑制自己想要购买心仪物品的冲动可能让人感到痛苦。不过，它比起活在对将来生活的不安中还是要好很多的，虽说在当前阶段稍显艰辛，但为了实现"将来的稳定收入"这个目标，我们也应该咬紧牙关坚定向前。只要把300万日元这个目标牢牢记在心里，一步步向着目标努力，再辛苦也甘之如饴。

19. 首先从一户建开始投资也可以

从这本书的初版刊行至今已有10多年，房地产投资的环境也在一点点改变。"先从独栋出租房开始投资"这一手法较为看重投资效率，我有自信这个手法至今仍是有效的。但是总体来说，房产的收益率在持续下降，这就使得我的方法中最为重要的部分"获取高收益率的房子"实施起来变得困难了。

另外，"越早开始投资越好"也是我的一贯主张。因为有的银行会对贷款者的年龄进行限制，比如"不放贷给75岁以上贷款人"这种规定。我觉得打算投资的话还是早点开始比较好。

因此，我认为首先从一户建开始投资这种想法也是可行的。一户建需要的自有资金会少一些，比起其他类型的房子，一户建的启动资金不需要300万日元那么多。而且最重要的是，**与独栋多户出租房相比，一户建更容易获得高收益率。**

这里我所说的一户建，是指外行人避之不及的房子，如老旧房、再建筑不可[1]房等。根据房子所处的状况，即使是表面收益率15%或20%的房子，也能以更高的收益率低价购入。

我认识的人里，有一位叫作那智的全职太太，她作为兼职房地产投资人十分活跃，她在千叶县柏市这座人口约40万人的核心城市购买了一栋25万日元的一户建，从这栋一户建到最近的车站都要坐几十分钟的公交车，处在一个出行很不方便的位置。据说那栋一户建被常春藤覆盖，已经半腐朽了，厕所也不是冲水的那种，而是传统旱厕，所以挂牌50万日元左右甩卖，她还在这基础上砍了一刀。之后，她花了390万日元让房子里里外外都焕然一新。她说："租出去能收7万~8万日元的房租，并且要卖的话，800万日元左右的价格也可以卖得出去。"即使每月房租为7万日元，表面收益率也达到了20%。

还有一位朋友，花30万日元在千叶县的外房地区买到了一栋再建筑不可的一户建，花了50万日元进行装修改造，例如把围墙拆了建停车场等，现在正以75%的收益率出租中。

---

[1] 译者注：日文原文中"再建築不可物件"是指特定土地上，如果房屋被拆除，就无法建造新房屋。仅限城市规划区和半城市规划区，日本《建筑基准法》规定了"连接道路的义务"。与道路接触的义务是指必须与宽度为4 m或以上的道路至少接触2 m，并且规定不能在不接触的土地上建造房屋。之所以有这样的义务，是为了让消防车、救护车等紧急车辆进入，以便灭火救援活动能够顺利进行。为什么"再建築不可物件"会存在？如果一开始就规定了道路连接义务，就不会有不履行道路连接义务的房产，但事实上，日本《建築基准法》于1950年颁布，日本《城市规划法》于1968年颁布。因此，在日本一些1950年以前建造的房屋和被划为城市规划区之前建造的房屋等不履行与道路连接的义务。例如，东京的23个区被指定为城市规划区，但依然约5%的住房没有履行与道路连接的义务（摘自日本总务省2018年住宅和土地统计调查）。

第 1 章 瞄准地方的整栋出租房或市中心的老旧出租房

兼职主妇房东那智太太用 25 万日元购买的独栋住宅。这是一栋被常春藤覆盖、几乎半毁的房子，她花费 390 万日元进行了外观和室内的焕新改造。

①一户建的收益率高且容易招租。

根据日本总务省 2018 年的调查，日本全国空置房总数为 850 万户。这个数字与人口减少挂钩，每年都在持续增加，根据野村综合研究所的推算，"2033 年将达到近 2000 万户"。

事实上，也有些厉害的人利用了空置房增加的情况，顽强地进行一户建投资。我的一个熟人就是很好的例子，他彻底调查了其所在地几乎所有的破旧空房子，找到这些房子的主人，交涉后以低价租下，然后转借出去（转租），以此来赚钱。这番操作让他在当地小有名气,甚至会有房东主动找他说:"我的房子没人住,可以免费送你,能不能收下?"

前文提到的那位家庭主妇那智太太花25万日元购买了一户建,之后她又花了390万日元进行装修改造,将被常春藤覆盖的半腐朽房子的外观和室内改造得都很漂亮。

我之所以推荐投资独栋多户出租房,是因为其在规模上优势很大,虽然会很费精力,但是买五六栋一户建的话,规模就和独栋多户出租房一样了。如果要达到高收益率,可能还是一户建更胜一筹。

翻新破旧房子需要进行大规模的装修改造,但只要学习并掌握相应的技巧,大多数破旧房子的改造问题将不足为惧。在招租方面,也有这样一个优点,即一户建更容易受到育儿家庭的青睐。另外,在管理方面,租客之间也不会发生纠纷,所以如果房子数量没那么多,也许可以通过自主管理的方式,节约一些管理费用。

如果继承的乡下老宅又老又破旧,没人愿意住,装修改造一番再出租怎么样?

②从一户建过渡到独栋多户出租房。

最近,我自己也曾以帮助妹妹的形式,翻新了一栋一户建并租出去了。我家的老宅在千叶县野田市,因为一些原因空置了。妹妹找我商量那套房子怎么处理,她提议说:"你为什么不把它装修改造一下，拿出来出租？"

这是一栋两层楼，西边和东边的房子挺大，都有楼梯，所以我就在中间加了一面墙，其中一边还新铺设了水管，厨房后门也改造成了玄关，完全分成了两户人家。这就是所谓的"连栋别墅"（国内称之为联体别墅）。

装修改造总共花费约300万日元。虽说房子变得漂亮了，但是它已经建了50年了，只有单线电车经过这里，处于从最近的车站走10分钟以上才能到达的位置。尽管如此，这栋房子也成功地以两户合计13万日元的租金租出去了。这与月租金13万日元、地处乡下、面向单身人群的4户小规模独栋多户出租房相比差不了多少。

首先从一户建开始投资，当然应尽可能地从高收益率的一户建开始，积累知识和经验的同时也积累资金，然后购买，这也是一种策略。虽说是小额贷款，但只要从银行贷款后购买房产，就可以算作与金融机构间的实操战绩。另外，因为一户建也可以用作共同担保，所以容易获得条件好的贷款。

但是缺点是，与多户出租房以户为单位不同，一户建每次保养都需要对一整套房子进行维护，所以和相同户数的多户出租房相比，其修缮费要高一些。但是，如果能用好本书后面介绍的技巧，也可以降低成本，所以想早点开始投资、有精力不怕费事的人也可以加入一户建投资。

第 2 章

可以买的房子 / 不能买的房子

"非优质地段"和"市中心"，要买房子的话如何选

在接受别人咨询时经常被问这么一个问题，"非优质地段"和"市中心"，应该在哪边买房子呢？当然回答这个问题的前提是，两边都能买到首付 300 万日元左右的同等价位的房子，那么"'非优质地段'的独栋木造出租房"和"'市中心'的旧破老房子"到底哪边好呢？

让我们从各自的利弊来看看。首先关于空关率，"市中心"房子的空关率会低些，"非优质地段"房子的空关率会高些。负责招租的是租赁管理公司，所以对于"非优质地段"的房子，选择好的租赁管理公司以及与它们建立起良好的关系相比"市中心"的房子来说更重要。另一方面，"市中心"的房子虽然在招租方面没有"非优质地段"的房子那么需要操心，但因为是破旧的老房子，所以在装修改造等方面比"非优质地段"的房子更费事。另外，如果以高收益率的房子为目标，很有可能会碰到"再建筑不可"和"借地权"的房子等，而这类房子除了在买的时候难获得贷款，出售时也会遇到困难。

总之，虽说两者各有利弊，但贷款难度较大，并且很有可能需要装修改造后才能出租的"市中心"的破旧老房子**更适合那些自有资金充足的人。**另外，**虽说"非优质地段"的房子在初期阶段比较省事，但如果处于偏远地区，去一次也相当费精力、费时间**，再加上"非优质地段"的房子空关率高，开始出租后想必也会很辛苦。因此，"非优质地段"的房子更适合那些时间更充裕的人（当然机制建立后，也可以不去实地照顾房子，像我一样远程操作）。

除此之外也要看投资者本人的性格。不太擅长和租赁管理公司建立良好关系的人还是在"市中心"进行投资比较好，但是因为房子又老又破旧，很可能会经常出现问题，因此，不想因为装修改造问题而烦恼的人或许还是在"非优质地段"投资比较好。

20. 我取胜的座右铭是"细分市场决胜负"

本章将具体说明当购买独栋出租房的预算为1000万~2000万日元时,应该购买什么样的房子,以及不应该购买什么样的房子。

在此之前,我先讲讲我投资的基本思路。一句话概括就是"细分市场决胜负"!

所谓"细分"就是指"空隙"。说到细分市场和空隙产业,指的就是"有一定的需求,但规模较小,因此大企业不将其作为目标的生意"。我说的"细分"可以理解为小众或个性化。

当我刚开始进行房地产投资时,如果有充足的资金,可能就不会以细分市场为目标了。如果可以轻轻松松用现金买到位于市中心一等地段价格超过1亿日元的房子,那么它既具备了一定的资产价值,又能更稳定地实现收益。例如,如果购买售价为1亿7000万日元、收益率为6%的房子,那么很快就可以实现年租金收入1000万日元的目标。

但是,我要重申,**没钱的人是无法像有钱人那样操作的。因为没钱的人能买到的房子价格较低,所以虽然收益会较为稳定,但收益率偏低,总体收益也不会很高。要想提高收益,就**

第2章 可以买的房子 / 不能买的房子

只能购买高收益率的房子，看清高收益率房子特有的风险，并且绞尽脑汁地去规避这种风险。

考虑到风险，人们往往会对非优质地段的房子和在市中心需要花费大力气改造的破旧老房子敬而远之，但正因为这不是正统的投资法，所以才有赚头，这样的房子才是我们的目标。正如序章所写的那样，正因为具备这方面的知识，知道会有风险还去投资这些房子的人就更少了，这点也很关键。

到现在为止，我也只在非优质地段买房子。我的投资方法也许不能被称为正统的方法，但正因为如此，我才能在房地产投资领域取得一席之地，这点也令我十分自豪。

如果你瞄准的是一个细分市场，你的竞争对手就比较少了，可以独占鳌头。例如，2016年出版的《买楼收租》，介绍了对栃木县小山市的一套三居室公寓的改造，拆除了各个房间的墙壁，将其改造成了一个宽敞的单间房。这样的房子在小山市是稀缺的，当时找我咨询这套房的人络绎不绝。现在这套房一空出来，来看房的人不能说全都满意，但10个人中总会有人当场表示"我想住在这里"。也有来看房的人表示"虽然金额超出预算了，但也想咬咬牙住下来"。虽然是不受欢迎的一楼的房间，但是房租比其他的房间要高，也不容易空置，能稳定地赚钱。

例如这套房，1楼是关门的原小吃店，2楼是住所，虽然处于市中心的商业区，但这样的房子也会因为低于土地价值而被抛在一边。如果你只想找普通的独栋出租房，你就不会关注这样的房子。原小吃店的房间没有窗户，还建造了一个很大的吧台，因此不适合居住。但是我想"把外墙拆掉做个窗户"。因为原本是做接待客人的生意，房子所在地段也挺方便，所以我有十二分的把握能够成功租出去。新建窗户之后，内部也重新装修改造了一番，根据建筑物的大小，应该可以划分为2户或者3户。这样，在一个好的地段，一个迷你出租房就建好了。

实际上，在我拥有的房子里，有一套位于茨城县的3层公寓，1楼的一部分是小饭馆，现在改建成了住所。因为没花多少钱在装修上，在凸起的榻榻米空间处建一道墙，隔出一个房间，吧台和厨房还是保持原样。你可能会想"这种地方会有人住吗？"但事实着实令人感到意外。

因为价格足够便宜，并且空间宽敞，厨房也很宽敞，还有漂亮的柜台，马上就有入住者说"想住这个房间"。这种品位独特的人只要能找到一个就算成功了，即使搬走了下一位入住者也很快会定下来。"像商店一样的房间住不了人"，抱有这种偏见的人可能会吃亏哦。

当然，我不会说一定要去瞄准这么小众的房子，但瞄准我所推荐的非优质地段房和市中心的破旧老房子，这样的做法并不正统，而是少数派。房子资产性低就意味着担保价值也低，所以金融机构不太愿意贷款，这是一个缺点。但对我来说，仅

日本×房地产投资秘籍 —— TOKYO

移住日本常见问题・房地产投资常见问题
外国人如何在日本做房东!!

季老湿在东京

请扫码添加企业微信后发送关键词"买楼收租"领取更多精华内容

1. 刚到东京,如何2天完成踩盘200套?
2. 几十万如何在东京上车?
3. 日本房产投资排名第一的品种
4. 东京投资入门第一课之新宿区
5. 东京投资入门第二课之涩谷区
6. 东京投资入门第三课之文京区
7. 东京投资入门第四课之港区
8. 东京投资入门第五课之中央区
9. 日本买房必须了解的税费问题
10. 季老湿在日本的投资案例分享
……
房产干货、房产游学,更多精彩,等你解锁

魔女喵

请加我的企业微信

仅因为"容易获得贷款"而买房子是非常危险的。

这是因为银行愿意放款的房子，就像之前案例中的市中心一等地段的公寓一样，资产性很高但实际收益率很低，这种房子很容易让人陷进去。需要注意的是，如果优先瞄准容易获得银行贷款的房子，虽然有利于扩大投资规模，但会背负巨大的债务，并且也赚不到那么多钱。

而且，如果购买房产的决定性因素是"银行愿意放款"，那么自己就不是主体了。非优质地段房和破旧老房子由于难以获得贷款，价格就会下降，这样一来，意味着收益率必然会升高，但这样的房子其实也有获得贷款的方法，这就是房地产投资的奥妙所在。关于获得贷款的技巧将在本书的第3章详述。

对于没钱的人来说，资产性高、人人点赞的房子是没有胜机的。**只有那些大多数人意识不到它的好处，有风险但极对少数人胃口的有特色的房子才有胜机。**瞄准差异性，"在细分市场决胜负"。当然大前提是能够看清是不是通过努力就可以规避风险，这点我们将在其他章节进行说明。

21. 挖掘高收益率房的诀窍

为了获得高收益率的房子，如何寻找房源也有诀窍。

想买入第一栋楼的人，与其去房地产中介的实体店转悠，不如先在网上找。以我为例，在购买第一栋楼之前，我每天都要在网上花 5 个小时找房子。不是说要大家都像我这样，但如果每天按照一定的检索条件搜索房源并且一套套看下去，就能培养对房子和收益率的市场行情观，所以**要持续接触大量的信息。**

找房的网站有很多，比如 121、122 页介绍的那些。其中也有号称"专门面向投资者的收益房"的网站，你可能会觉得去那里检索更有效率，**但如果想挖到宝，我觉得还是大型门户网站更有机会。**

因为发布在收益房专门网站上的房源，已经有了"针对投资者"这个标签，很容易吸引到投资者，**当出现好的房源时，竞争会很激烈。需要当机立断，以下手快慢决胜负的话，对没有经验的人是不利的。**

在大型门户网站上检索待售出租房时的诀窍是，首先根据收益率的高低进行条件筛选，这样比较有效率。不过，单纯以"收益率 13% 以上"来筛选的话，房源数量不会太多，**我认为**

第 2 章 可以买的房子 / 不能买的房子

其中有好房子的可能性不大。如果真有这样高收益率的好房子，那么转眼间就会被卖出去，如果还没有被卖出去，那么这样的房子很有可能多少还是有点问题的（本书的宗旨是寻找能够克服这个问题的高收益率房子）。

我的建议是**关注"信息发布日"。发布**至今已经过了很久的房源，因为一直卖不出去，所以很有可能会降价。

最开始定下的价格当然是卖方觉得会有一定赚头的价格（这样一来房子的收益率就会下降），但是如果房子长时间没有卖掉，并且几乎无人问津，卖方也会变得没什么底气。如果卖方是因为房子的继承问题而卖房，那么很可能正在因为遗产税的缴纳期限临近而着急上火。**与其买原本收益率就挺高的房子，不如想办法让收益率较为普通的房子降价，从而使它变成高收益率房，这才是上上之策。**

另外，还有一个仅用于寻找破旧老房子的技巧，那就是在大型门户网站上检索时，**不以"出租房"或"一户建"进行检索**，而是以"土地"进行检索。作为土地资产挂牌出售，但实际上保留了一些旧房子的情况屡见不鲜。卖方认为"这些房子太老旧了，不值钱"，于是干脆采取"就当作没这些遗留建筑，按土地资产卖"的方式出售。

即使是这样的房子，花点钱改造之后，大部分也可以恢复到能居住的水平。与卖方谈判的时候，可以用"推倒这栋楼需要花点钱"这样的理由,试着再砍砍价(其实即使不推倒,把房子装修改造翻新,对方也没话说)。再算上装修改造费用,如果实际收益率足够高,我觉得这是不错的选择。

理想的情况就是因为卖方的某些原因,**能拿到还没流入市场信息系统的"未公开房源",这是最赚的方式了。**卖方因为继承等原因突然不得不卖掉房子,但是又不想让周围的人知道……如果是这样的情况,卖方就会因为有期限而变得很着急,也没有什么竞争对手,所以耐心与卖方慢慢砍价,以20%或30%的表面收益率买下来也是有可能的。事实上,我也通过这样的方式拿到过一些便宜的房子。

但是,独栋多户出租房的购入门槛是以数千万日元为单位的,所以对于第一次光顾房地产中介的客人,很难想象中介方会轻易将未公开的信息告诉他们。这样的房子,就像我拿到手的时候一样,基本都会被中介悄悄卖给那些有生意来往的投资者。为了提高遇到这种房子的可能性,即使实际买不到,进行问询积累与中介的交涉经验也是很重要的。

22. 比起高级公寓,还是木造出租房更胜一筹

在非优质地段,极少见的情况下会出现一些以木造出租房的价格出售的小型独栋公寓。公寓作为资产,想必大家对它的印象不错吧?不但招租容易,而且获取金融机构的贷款也比出租房更容易。

即使如此,**如果要买第一套房**,我还是会推荐出租房。

出租房与公寓的区别在于主体结构。公寓以钢筋混凝土(RC)、钢结构(S)和钢结构钢筋混凝土(SRC)为主,出租房则以木质结构(W)和轻钢结构(LGS)为主。钢结构比木质结构更坚固,具有更好的气密性和隔音性,并具有更长的法定耐用年数(RC和SRC的法定耐用年数为47年)。

不过,虽然钢结构房子具有资产价值高的优点,但相应的固定资产税也会提高。虽然根据房子的不同资产税也有高低之分,不能一概而论,但我手里有一套位于栃木县小山市的RC公寓,一年的固定资产税额约等于满室时1个月的房租。与此相对,木造出租房如果是超过法定耐用年数的老房子,固定资产税就会便宜很多,是RC的五分之一到三分之一。

另外,也要看购买的时机,由于RC的法定耐用年数较长,

一年下来可以折旧的金额也较少,这样一来经费支出就会变多,再除去还贷钱,现金就所剩无几了。二手木造出租房有一个优点,就是可以在短时间内折旧。如果两种房子均需要修缮,那么根据具体修缮内容,这笔费用将作为折旧资产或总折旧资产入账。

公寓的设备费用和维护费用高。

对于 RC 来说,维护费用肯定比木造结构的要高。

假设有 2 层 8 户木造出租房和 8 户 4 层 RC 公寓,它们户数相同,建筑容积也差不多。

首先,关于生命线之一的供水设备。如果是 2 层,可以采用直压供水,但如果是 4 层,就必须依靠压力罐、加压泵加压,或者依靠抽水泵。相应地,电费支出也会增加,机器的修理费用动辄几十万日元(设备经常坏掉……)。如果还设有受水槽和高架水槽,就需要支付定期维护费用。

如果是带电梯的房子,那么电费和维修费用也是必须支出的,并且和出租房相比,公寓在这方面花的钱要多得多。

无论地理位置有多偏,2000 万日元以下就能买到的独栋公寓,想必是几乎无人入住的破房子,这样的房子要想租出去,装修改造费用也会比木造房子高得多。

做外墙涂装的时候,即使房子只有 2 层也要搭脚手架,但是如果房子有 3 层、4 层,因为高度和规模都上去了,相应的费用也会增加。自来水管道、煤气管道、电路一旦出现问题，如果房子是木造结构，简单地拆掉墙壁、天花板、地板就可以施工，但如果房子是钢筋混凝土结构（或钢结构），会导致施工难度上升，装修改造费用也会增加。

另外，虽然用300万日元的自有资金大概率买不到公寓，但是体量较大的房子最好还是一开始就把它排除在候选名单之外。

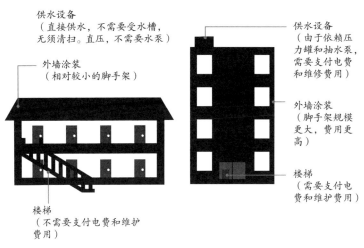

木造多户出租屋与公寓楼维护成本的比较

就像我们在公寓的案例中所说的那样，对于体量较大的房子，不仅在法定的灭火设备检查费和实际设备的更换等一系列维护项目上需要大笔的开销，在装修改造上也会花费很多钱。

另外说句不吉利的话，假如公寓的某个房间发生过自杀或杀人事件，那么整栋楼的住户都有可能蒙受心理阴影，并且体量越大的房子越不利。

我认识的人里也有碰到过这种事的，他住的房间隔壁发生了杀人事件，他说"虽然没有发生什么灵异事件，但还是因为害怕而搬家了"。

当然在税金方面，木造结构和体量较小的房子相应的固定资产税等也便宜。另外想卖的时候，小户型的房子也有一个优点，就是很多人可以用现金买，所以挺容易卖出去的。

这样考虑的话，**对当下资金不宽裕的人来说，将独栋公寓以及体量较大的房子作为首套房买入显然是不合适的。**可以先购买一套装修改造难度低、运营成本低、木造的小型出租房，至于能满足拥有欲的房子可以等以后再买。

23. 如果要买非优质地段的房子，要看清区域的特色

"非优质地段"这个词听上去言简意赅，但到底该在哪里买房子呢，很多人想来想去都没有答案。

首先作为大前提，我认为房地产投资中房子本身的质量是最重要的。我自己也是这样，先根据收益率寻找房子，再调查其所在地。即使地段再好，房子质量不行也没用。

在此基础上，基本上我会先推荐有明确用户画像的地方，即房客中什么样的人比较多，并且最好还知道一些当地的习惯等。相反，再好的房子，也不要买得太远了。**特别是首套房，因为要寻找租赁管理公司以及处理装修改造等事宜，需要去房子所在地好几次。**考虑到时间、精力和出行费用，尽量在去一趟不算很麻烦的距离范围内选房子。

那么，基于以上所述，到底什么样的位置比较好呢？当我被人这样询问的时候，我总是回答"普通的，一下子想不出有什么特色的地方就很好"，这样的回答也经常让对方很困惑。

我不是在开玩笑，我是真的觉得这样的地方才好。比如千叶县的旭市、茨城县的坂东市、栃木县的小山市和下野市（是我的房产所在地）……大家能说出这些市的特点吗？以前小山

市有"小山游乐场",但已经闭园 15 年以上了,我也不是在说这种特点。

避开企业城镇和大学附近。比如,一个区域经济围绕着一个特定的企业发展起来的企业城镇,这个企业一旦倒下,出租风险是非常大的。另外,在大学附近,学生的需求看起来很稳定,但在其周边,作为地主的房东们都看中了这一点,竞相建造房屋,因此形成了价格竞争。这样一来,对没有什么钱的人来说显然是不利的,并且也有类似的区域,因为少子化的冲击,学校消失后,即使单间公寓房租才几万日元都几乎租不出去,行情十分惨淡。

相反,我的房子的所在区域大部分都是说不上有什么特别之处、真的很平凡的普通小镇。其中茨城县坂东市市内没有电车通行,与相邻市的车站的直线距离有 7 km,简直就是"陆地孤岛",过去由于日本胜利公司一个 5000 人规模的工厂撤出,空置率一直很高,到 2021 年 8 月仍有 32%。即便如此,我的房产的入住率却保持在平均 95% 的水平。

这样一个区域的优点就是基本什么也没有,所以很难出现新的竞争。在这样的地方很少会有人特意准备几千万日元进行投资。周围几乎都是世世代代住在这里的高龄房东,只要肯努力、肯下功夫就有可能独占鳌头。这就是真正意义上的"在细分市场决胜负"。出乎意料的是,胜机就出现在这样一个不起眼的地方。一边提高自己的能力,一边在这样一个没什么竞争、人口也不过分稀少的地方大展宏图吧。

各个地区的产业结构和人口动态等可以通过网络进行调查,去实地看房的时候可以去趟市政府,调查当地的城市规划和产业振兴等情况。在大型房地产门户网站"LIFULL HOME'S"(第121页)上,提供了这样一项服务(租赁需求热图),它以不同的颜色显示空置率、租金价格、想要的房型和租金,以及地图上按被查看房数多少进行排列的地区。

24. 不要害怕当地的高空置率！

房子所在区域的空置率，当然在一定程度上还是需要在意的。空置率10%的区域和空置率30%的区域，总体来说位于前者的房子招租更容易。

不过，就结论而言，我认为空置率再高的区域胜机也绝对不是零。

前文举例的茨城县坂东市，曾经是日本胜利公司的工厂所在地。工厂在2000年关闭后，租赁市场的供需平衡被打破，空置率增加，我手中的这套房子是前房东低价卖给我的。购买时房子的一半房间空置，所以到手时价格低廉，收益率相当高。工厂旧址处开了家购物中心，但当地就业人数等远不及过去的势头。截至2021年8月，坂东市的房屋空置率为32%，在茨城县算是空置率较高的地区了，但我的房子也基本做到了满租经营。

为什么能做到近乎满租经营呢？因为周围有很多世世代代生活在这里并拥有土地的房东，他们为了应对继承方面的问题，被忽悠着建了很多房子，这种房子的房租基本在五六万日元，而我的房子是以很低的价格购入的，房租定3万～4万日元就能一决胜负了。称不上有什么技巧，也没花多少工夫。我的这套房已经成为该区域的热门房,即使出现空置也很快有人入住。

在空置率较高的区域,往往都是那些世代长住的房东或者继承下来"只是把房子拿在手里"的对招租方面不太热心的房东,任由房子空置,甚至连自己的房子有多少间是空置的都不清楚的也大有人在。

并不是身经百战的房东们互相之间激烈竞争,大家齐头并进都维持着三成的空置率,而是有的房子满租,有的房子全是空置,然后平均下来空置率是三成左右,所以我觉得没必要只看数字就害怕。

关键是,"一定要让这笔投资成功!"房东的坚持和热情是很重要的。绞尽脑汁想办法就会有出路,我将在后面的章节中不遗余力地将这些点子和手段公之于众。在租赁市场相当艰难的群马县太田市(知名车企斯巴鲁的所在地),我曾经用了一个隐藏大招,即"初期费用全部为零计划"(第259页),在不降低房租的情况下也实现了满租经营,因此希望大家不要轻言放弃。

但是,即使有这样的技巧,有些区域也绝对要避开,这些区域连我都不敢下手。

可以下手投资的区域,其房租行情最低3万日元。与其说空置率如何,不如说就是那些**房租行情崩溃的区域**。具体的地名在这里就不方便写了,日本有很多以1万日元左右的租金招租的区域。如果是很偏僻的乡下地区那就另当别论了，但有些区域即使离城市很近，也会因为存在过度竞争而导致房租低到让人难以置信。令人惊讶的是，即使是政令指定城市也有一部分出现了这种现象。

我觉得这样的房子风险太高了。不管是 5 万日元租金的房间还是 1 万日元租金的房间，装修改造行情是不变的。如果有退租，更换壁纸、清扫等花费了 12 万日元，仅仅是房客的轮换，一年的租金就会被消耗殆尽。你不觉得这很离谱吗？

如果因为继承或者某种原因被动拥有了房产，那就另当别论了，但我觉得以后要买房子的人没必要特意涉足这样的区域。

按照我的标准，如果要投资，最低房租不到 3 万日元的区域就不建议下手了。因为管理费、固定资产税、火灾保险等房子的维护费用相当高，如果能收 3 万日元以上的房租，我认为才具备承受风险的余力。

❗ 面向单身人士的房子和面向家庭的房子，买的话选哪个

"面向单身人士的房子和面向家庭的房子，哪个更好？"这也是咨询者经常问我的问题。

一般来说，面向单身人士的房子收益性更高。例如，一种是两层出租房，4 个 46 m² 的两室一厅，面向家庭的房子；另一种是 8 个 23 m² 的单间的单身公寓，这两个房子的大小是一样的。如果两室一厅的房子单个房租为 6 万日元，那单身公寓单间房租就算 4 万日元左右。也就是说，同样大小的房子，面向家庭的房子每月只有 24 万日元的房租，而面向单身人士的房子每月则可获得 32 万日元的房租。

另外，找房的群体中也是单身人士居多，所以理论上单身公寓的空置期也会缩短。而且，退租时的恢复原状费也是面向家庭的房子更贵些，这也是这类房子的缺点。因为房间多，门和收纳等隔断的数量会增加，墙壁面积也会增加，所以要更换的壁纸的量也会增加。

这样一来，大家可能会觉得这不是只能选面向单身人士的房子了吗？但并不一定是这样，这就是房地产投资的奥妙之处。因为单身人士在毕业、就业、结婚等节点上迟早会退租，所以空置的发生频率很高，并且即使找房的人很多，也意味着竞争的房源相应也很多，所以我想总的空置风险和面向家庭的房子没有什么区别。

面向家庭的房子，一旦租客家庭决定入住，多数情况下可以居住较长时间，也就是说可以期待稳定的经营。

因此，我觉得这个问题实质上是选择追求更高的收益性，还是追求更稳定的经营，归根结底还是要看投资者的想法。

25. 非优质地段买房必须遵守的条件

在非优质地段买房的时候，我看重的是房间的大小，房间过小是不行的。最低限度为，"即使是给单身人士用的房间，一户至少也要 8 坪[1]（约 26.4 m²）"。

至今为止在非优质地段的房间大小问题上，大家普遍认为 20 m² 是合格线，不过，我想随着少子化程度的加深，人均居住面积会变得更大。俗话说大能兼小[2]，考虑到以后，房间面积有 8 坪以上就可以安心了吧。如果房间太大，退租后的装修费用也会增加，所以我认为这样的面积大小比较合适。遇到特殊情况，房间还可以用家具等隔开，能住下两个人，这样一来，招租范围也就更广了。

首先，在市中心，如果是面向单身人士的房间，10 m² 左右也是很正常的，但这是因为便利的地理位置而产生的需求。在非优质地段，原本房间面积大就是理所当然的，而且这些地方的出行方式大多是开私家车，所以没有什么地理位置优势可

---

1 译者注：坪（日语：tsubo），源于中国，发展于日本传统计量系统尺贯法的面积单位，主要用于计算房屋、建筑用地之面积，在明治时期的度量衡法中，1 坪被定义为边长为 6 日尺（1 间）的正方形的面积，约 3.3 m²。
2 译者注：大东西兼具小东西的功能和作用。

第2章 可以买的房子／不能买的房子

言。在非优质地段想要以小房间决胜负，只有大幅度降低房租。房租一降低，房子的收益率就会下降，所以只能用这种方式决胜负的房子是不应该买的。

其次，如果远郊或小城镇是所谓的"汽车社会[1]"，"房子附带能够满足所有家庭成员停车需求的停车场"是我绝对不能让步的条件。只要房子满足这个条件，我不在乎它离车站有多远。远郊或小城镇的汽车社会更是到了"没有车就会影响生活"的程度，配备大型停车场的购物中心盛况空前，但车站前的商业街却冷冷清清，而现在偏远的中小城市大多处于这样的状况。

我在栃木县小山市购买的房子，在前房东时代有24户家庭，与此相对停车场却只有16个停车位，也许是因为这个原因，只住进来15户人家。我购买后，把院子拆了，将停车场的停车位增加到28个，很快空置的房间就租出去了，所以人们对停车场的需求真的很大。在汽车社会，即使是一户人家，按成人人数算有2辆、3辆车的家庭也很多，所以实际上停车位和户数相等也不够。即使附近有很大的停车场，也不能保证它会一直是

---

[1] 译者注："汽车社会"一词来自日语的"车社会"，于20世纪70年代由日本专家提出。二十世纪六七十年代以来，日本进入汽车普及年代后，发生了大量不同于以往时代的现象，人际关系急剧变化，社会节奏明显加快，日本专家将这种汽车普及带来的新的社会形态命名为"汽车社会"。在汽车社会里，汽车不仅仅是一种交通工具，它更是社会的组成部分，是人的空间属性的扩展和精神的延伸。

一个停车场。面积较大的土地可以用来做很多事情，所以很可能之后会被用作他途。

当然，即使是在偏远地段，公交车和电车等交通工具也很便利，也有不一定是汽车社会的地方，所以我认为要对那里进行认真调查，如果确信没有停车场不会影响入住，就可以购买这样的房子。

26. 市中心地区反倒是小户型更受欢迎

在非优质地段，宽敞的房间更受欢迎，但是这几年市中心流行小户型，在市中心不算玄关、浴室、厕所等的面积，居住空间为 5 m²（3 个榻榻米[1] 左右）的极小户型在年轻一代中大受欢迎。

小户型的流行首先是因为"断舍离"热潮，再加上对"极简主义"这种不囤积累赘东西的生活方式产生共鸣的人越来越多，以及 IT 技术和服务行业的进步都对其产生了影响。特别是智能手机的普及，不需要电视、录音机、音响设备等的人增加了。不用与电视屏幕保持一定距离，这点可能带来了革命性的变化。另外，椅子和桌子都不需要，吃饭和学习都可以在一张小小的小桌子上完成。

书、漫画等可以购买电子版，纸质书籍看完后就马上卖给二手书店。如果把 CD、电影等也变成电子数据而不是实物，连书架都不需要了。而现在，甚至可以不将其作为电子数据保

---

[1] 译者注：日语原文"畳"，读作"Tatami"。叠席是房间里供人坐或卧的一种家具。为日本传统房间"和室"内铺设地板的材料，新字体写作"畳"，假名为"たたみ"，现代汉语常音译为"榻榻米"。根据日本不动产公平交易会联合会的规定，一张榻榻米的定义是面积在 1.62 平方米。这个 1.62 平方米是每个房间的中心墙面积除以榻榻米的数量得到的值。

留。书和漫画也一样，通过订阅的方式（支付一定费用后可不限次使用），想看的时候就利用其数据传输服务通过流媒体播放，这也就意味着，保存数据的地方可以是网络，也可以是自己的终端，甚至可以是任何地方。

衣服同样也可以利用 Mercari[1] 等跳蚤市场的服务。入夏前在 Mercari 上低价买到夏天的衣服，暂时用不上的冬天的衣服就在 Mercari 上卖掉。夏天结束之后又再次买好冬天的衣服，夏天的衣服就卖了。洗衣服的话，因为有投币式自助洗衣房可以使用，所以必须买的电器也就剩冰箱了。

但是，这样的房子好像不在车站附近就不太行了，并且还得是在步行两三分钟就能到车站的范围里，喜欢这种房子的人非常重视出行的便利性。这看上去是很合理的需求，不过更像是讨厌浪费时间和精力。基本上对他们来说"家只是回家睡觉的地方"[2]，所以不需要很大的空间，从车站走回家的时间和无用的劳力都想压缩到最小。

另外，喜欢这种小户型的人虽然不那么在意房龄，但房间干净整洁还是很重要的，他们更喜欢高级公寓，而不是多户出

---

1 译者注：Mercari 是一个日本 C2C 二手交易平台。拥有针对智能手机的 C2C（个人与个人之间的电子商务）二手交易 APP，此外还提供针对书籍与 CD 的"KAURU"以及针对品牌类商品的"MAISONZ"服务平台。
2 译者注：新冠肺炎疫情三年后这种想法又发生了巨变，随着"在家远程办公"变得普及，更大面积的"小户型"变得流行起来，因为大家习惯了在家安排更多的活动。

租房。所以虽然房子小，房租却没有那么便宜。这和"因为没什么钱，就忍忍住小房子了"这种以前的普遍认知有着本质上的区别。

当然他们并不是多数派，但只要房子在车站附近，即使超级小，房租也要花4万～5万日元，根据车站的不同，有些人甚至愿意花更多的钱租房，这样就能获得很高的收益。**如果能拿到合适的房子，瞄准这样的小众市场一决胜负，我觉得也是房地产投资的乐趣。**

27. 市中心的老旧木造多户出租房即使破旧也没有问题

那么接下来，就来谈谈市中心的独栋多户出租房。

在市中心用不到 2000 万日元就能买到的房子，恐怕大多是有 40～50 年房龄的老房子。这样的房子因为超过了法定耐用年数，很难获得贷款，外观、房型、设备都很陈旧，翻新需要进行大规模的装修改造，所以会低价出售。可以明确地说这些房子就是"破房子"。

但在我看来，"正因为是破房子，才有胜机"。对于市中心的房子来说，最近的车站的大小以及与车站的距离等所处位置足够便利的话，可以解决大部分的困难。在这样一个地理位置优越的地方，以低廉的价格买到房子，然后把房子装修得漂漂亮亮地租出去，就有可能获得意想不到的收益。

去实地看房子，基本上内部装修再烂也没有问题，装修后会变得很漂亮。木造出租房的优点在于可以多次修补。现在日本的装修改造技术也很优秀，即使柱子坏了也可以更换；即使地基部分的柱子坏了，也可以在旁边另立一根柱子加固，甚至可以用千斤顶抬高房子，更换地基。

木造建筑可以像这样进行多次加固和修缮，所以即使建筑

第2章 可以买的房子／不能买的房子

陈旧也不必害怕。相反，钢结构和钢筋混凝土结构的公寓如果很破旧，就相当可怕了。钢铁一旦生锈就无法修复，水会从缝里（建筑物裂缝或缝隙）渗入，如果不去管它，由于铁锈的侵蚀，主要结构部分的强度有可能受到严重破坏，这样的房子是不能下手的。而且从外观上来看，损坏的部分是看不太出来的，这一点也很可怕。

如果是木造房子，房子越破烂，竞争对手就会越少，如果要还价，对方也会比较容易应承下来，这可以说是很有赚头的一个点。

关键点在于，"能不能想象出房子装修改造以后大概会是什么样子"。能不能对装修改造上的花销有个大概预估，这也是重点。如果确信房子装修改造后能够满租，那之后就是把这栋房子的价格再加上装修改造费，来计算收益率（对附近房租行情能有个大概认识），这样你就能够计算出你的房子的收益率大概是在什么样的水平了。

进行全面装修改造可能会将房子改得跟新建的一样，或许你把房子推倒重建，反而花的钱更少，又或者你觉得这房子的收益性不足以弥补这笔装修改造费用而选择放弃装修改造，到底如何做，以你作为经营者的眼光去判断就行。

惧怕破房子的房地产投资者也不少，但是破房子确实是关键，也就是"细分市场决胜负"。破房子之所以被别人敬而远之，就是因为想象不出来它装修改造完后大概会是什么样子。再加上也不是很清楚装修改造到底能起什么作用，因此也就意识不到眼前的破房子的潜力。

本书最后的案例研究会详细介绍，读了本书初版的我的一个朋友，在市中心的私营铁路沿线离车站 4 分钟的地方，买了一栋房龄超过 40 年的出租房。前房东原本打算将其推倒重建，但因种种原因拿来出售了，房子破破烂烂，租客也只有一户。因为房子是这样的情况，当时挂牌 1400 万日元并没有卖出去，当价格降到 1180 万日元的时候，我朋友举手砍价，以包括各种费用在内的 1050 万日元的价格买下了这栋楼，又花了 350 万日元装修改造。

房子满租的话一年收入为 300 万日元，所以如果用现金购买，实际收益率也是十分可观的。因为是老房子，毛病很多，也经历了各种各样的辛苦，虽然不是一直维持着满租状态，但是即使入住率只有一半，房子的实际收益率也有 10%，这是非常厉害的。我想在市中心还沉睡着不少这样的"宝物"吧。

28. 即使是"瑕疵担保免责"房也没关系

以前那种房龄较久，而且卖得挺便宜的房子，其售卖信息栏会出现"瑕疵担保免责"这样一个标签。这意味着"因为这个房子有瑕疵，所以卖方是不承担责任（担保）的"。因为卖家很担心之后出了什么问题找他算账，所以就预先将丑话说在前头了。作为他不承担责任的补偿，房子会以较低的价格出售，这个免责标签也相当于在说"因为你是知道这个情况还要买的，之后出了什么问题也请不要跟我抱怨"。

被卖家这么一提，就算再便宜，买家也会觉得"房子不知道会有什么样的瑕疵"而不敢买了吧。但是正如前文说的那样，如果是木造结构的房子，大多数的问题都可以解决，即使发生漏雨问题，也可以推说是最近的台风造成的，这样的话保险公司就可以承保了。

所以，**如果能下决心"不是买资产，而是买赚钱工具"，瑕疵担保免责房也算得上是有赚头的房子了。**因为一般人都会对这种房子敬而远之，所以竞争对手较少，你就有可能以便宜的价格买到这种打磨后就能变成钻石的房子。顺便说一下，上一节中介绍的我朋友买的房子也是瑕疵担保免责房。

但在2020年4月的民法修改案中，"瑕疵担保"的说法消失了，被"合同不适用"这个新概念所取代。

简单点来说，一直以来业界沿用着"卖方在出售之前请务必好好说明房子的瑕疵部分""买方在购买之前也请务必好好调查一下瑕疵部分"这样漏洞百出的规定。在此基础上，在买卖成立后房子出现了卖家未说明过的瑕疵，"如果是买家不可能注意到的，那就是卖家的责任"，这就是"瑕疵担保责任"。

但是，当购买前无法确定是否存在的瑕疵出现时，双方经常会指责对方"卖家不知道有这处瑕疵就很奇怪""卖家难道不是明明知道却隐瞒了吗""如果买家认真调查了应该会发现的"，往往买卖双方会互相扯皮推诿，接着闹上法庭。

民法就针对这种情况进行了修正，"卖方务必知晓房子存在的瑕疵，不写在合同里是不行的""即使出现了合同上没有说明的瑕疵，也是卖方的责任，请妥善处理"，这就是"合同不适用责任"。

所以以前看似漏洞百出、模棱两可的规定，现在变得简单易懂，责任在哪方一目了然。如果房子出现了合同上没有写到的问题，可以向卖方提出"这跟合同上写的不一样，请解决一下"。如果卖方不解决，就可以解除合同。该规定加强了对买方权利的保障，也意味着卖方的责任更大了。

另外，如果放在以前，卖家想避免承担瑕疵担保责任，只需在特约上写一句"瑕疵担保免责"就可以对所有瑕疵问题免责，而在现在"合同不适用"的情况下，卖家就必须写明可能出现的瑕疵和对其免责的说明。例如，"虽然不确定是否存在漏雨问题，但是如果漏雨了，卖方也不承担责任""即使内部柱子被白蚁蛀了，卖方也不承担责任"等。如果出现了合同上没有写明的瑕疵，肯定要追究卖家的"合同不适用责任"。而对于买方来说，只要仔细调查特约上注明的内容，衡量风险大小就可以了，实在是轻松多了。

相反，作为卖方，在出售破旧房子时就必须慎之又慎。因此，正如"挖掘高收益率房的诀窍"一节中所说明的那样，即使上面建有房子，仅作为"土地资产"出售的情况也会增加。"以推倒上面建的旧房子为前提，只作为土地资产卖给你"，这样一来卖方对土地上建的房子就不用担任何责任了。

这种情况下，这块带房子的土地几乎就以土地的行情价拿出来卖了。但是，要推倒房子变回空地的话，也需要一笔费用，如果这块土地长期卖不出去，说不定砍价能砍得更狠点。但是如果砍价砍得太狠，卖方说不定会"干脆自己推倒房子再拿出来卖"，所以也要注意分寸……

29."借地权""再建筑不可"也没关系

在门户网站上找高收益率的房子时，看到一套心怡的房子不由得惊呼出声，"哎呀！这房子不错呀！"但是仔细看一下这房子的信息，发现有"借地权"的标签，又会觉得大失所望……应该有不少人有过这种经历吧。

借地权分为"租赁权"和"地上权"。两者都意味着这块土地（底地）并不会变成自己的东西，所以这块土地的售价就会变低，而房子的收益率就会变高。但是，每个月都要支付借地费（地租，"地上权"的话可以例外），即使收益中要减去借地费，比起建筑和土地一起买的情况，标有借地权的房子的收益率也会高出很多。

不过，借地权中"租赁权"占绝大多数，隔个20年或者30年就需要更新合同，而更新费大多要花数百万日元，所以我不是很推荐这种房子。即使一眼看上去好像挺便宜，但过几年要更新合同的时候，就会发现这会对房子的收益率带来很大的打击。

但是我也见过很多不同的事例，有一些地方是没有交更新料这种习惯的，这样的话，收支方面确实会变得好看很多，所以就算房子上标记了借地权,也不要无视这套房,而应对其属于哪一种借地权、更新周期、更新费用等进行仔细询问并确认。改变原先的看法重新审视这些房子,就会发现其中一些确实是以前从未遇见过的好房子。不过"定期借地权"是不续期的,这点请注意。

禁止重建的"再建筑不可"房也有获得高收益率的机会。

另外,在市中心的一些比较便宜的老房子中,有时候会出现一些标有"再建筑不可"交易条件的房子。这些房子就像字面上写的那样是"法律上被禁止重建的房子",因此会廉价出售。

再建筑不可的房子中经常会出现下面这种情况,不满足现在的建筑基准法中规定的"地基必须与宽度 4 米以上的道路相接 2 米以上"。以前建的房子不符合现在的法律,这也是很有可能的。那么对于这样的房子,被判定为"因为不符合现在的法律,所以不能重建",这就叫作"再建筑不可"。

但是对于租客来说,这事和他们无关,所以在房屋租赁的运营上,再建筑不可是不会给收支方面带来什么负面影响的。而且,即使不能再建,装修改造是没有问题的,我也听过类似的事例,"只要留下一根柱子,即使改造得像新建的一样,也可以推说是装修改造而并没有重建"。事实上,如果彻底把房子翻新一番,确实可以改造得和新建的一模一样。

话虽如此,即便是装修改造后的效果,根据房子的实际状态,也有按新建房征收固定资产税的情况,这点就挺有意思的。

另外,即使这条路很窄,如果宽度在2米以上,再把房子占地的一部分改成道路,这样一来就相当于把房子整体位置往后挪了挪,那再建筑不可就有可能变成可再建了。另外,把旁边的相邻地块买了,然后使整块地变成可再建,这种操作也是有实例的。这样一来,房子也会好卖许多。

但是,如果是标有借地权、再建筑不可的房子,金融机构的评价会比较低,贷款就会比较困难,这算是这类房的缺点(标有借地权的房子能获得的贷款金额大概只有房子残存价值再加上借地权比例的七成)。因为担保价值低,所以将来如果想继续买房子,这套房子是无法作为共同担保发挥作用的,这点也是这类房的缺点。

如果最开始就买入再建筑不可的房子,那么后续下一套房的购买计划就可能很难进行下去,因此必须要根据自己的目标来考虑房子的购买顺序。

比如,第一栋房子选择通过长期贷款买非优质地段的房子,那第二栋的话,可以考虑通过短期贷款买市中心的再建筑不可的房子,利用它较高的收益率,早点还清贷款,接着再瞄准下一套房,购买顺序有很多种,不要一看到是"再建筑不可"的房子就退缩,如果能把其高收益率的优点好好融入购房计划中,就可以更早一步接近自己的目标。

30. 找出很有赚头的房源的方法

地理位置好、新建不久、又处于满租状态的房子，如果以15%的表面收益率挂牌出售，那就很"令人垂涎"了。

但是现实情况是，遇到这类房子的概率非常低。即使房子满足高收益率的条件，也会因为位置偏远、建筑陈旧等原因，导致很多房间空在那租不出去……正因为如此，这类房子才会以低价出售，即使是市中心的再建筑不可的老房子，就算能满租经营，也不会有很高的收益率。

如果不用花多少工夫、时间、金钱，就能把房间都租出去，又是高收益率房的话确实很有赚头。但是，即使要花费一些时间、劳力和费用，如果包含装修费在内的实际收益率能达到8%，那也是非常具有投资价值的房子，就像前面介绍的很多具体案例一样，努努力或许还能得到超高的收益率。

要想淘到笋盘，实地调查很重要。为什么招不到房客，需要从房客的角度好好分析。然后，下一步就是判断招租困难的原因能否用钱来解决。

比如，"从车站步行要20分钟""铁路沿线太吵了""处于大房子的背阴处，阳光照射不到"等，房子所处的地理位置不是人力可改的。另外，房子附近也不能有墓地或者乡下郊区的养猪场等需要避开的设施。房子如果处于水灾等自然灾害频发的区域、沿海地区海盐侵蚀很严重的区域,就算有办法处理一部分问题,效果也很有限。杀人事件或者自杀等心理瑕疵而导致空房多,这也是短时间内很难解决的问题。

如果确定导致空房多的主要原因是房东如何努力都无法克服的负面因素,放弃这类房子可能比较稳妥。

如果不是上述因素,房子只是"破旧""房型和设备较陈旧",这些都可以通过改造装修来克服。虽然偏好新房的房客会在新建房和新建不久的房子里寻找目标,老房、旧房很难吸引到他们,但明明这方面的装修改造手段也有很多,很多人却选择什么也不做,把房子放在一边,白白错过很多良机。

比如,大家可能会对没有浴室的出租房敬而远之,但如果走廊等区域有闲置空间,也可以设置一个共用的淋浴间。如果有足够大的空间,可以在每个居室里设置淋浴间。年轻人很多都会选择淋浴了事,如果外国人也是招租目标人群的话,很多国家没有泡澡的习惯,因此以上这些操作就足够建立一定优势了。

还有就是性价比的问题。哪些部分需要装修改造,以及大概要花费多少,包括这些费用在内,实际收益率又能达到多少,这些都需要认真预估一番。就像前文提到过的那样,底线是"实际收益率能达到8%"。

第2章 可以买的房子／不能买的房子

为什么房子很难租出去？

另外，有些房子租不出去，其问题也不是出在房子和设备上，而是没有积极招租而导致大面积空关。租赁管理公司有时也会因为偷懒，或者其和房主的关系淡薄等导致招租不积极。下面这种情况也较为多见，房东打算重建房子，所以即使有人退租，也不进行装修改造，也不招租，就这样放在一边不管了。所以要好好向买卖负责人问清楚房子为什么空着。卖方如果是上了年纪的人，经常会发生以下这种情况，"本来想重建的，可是自己年纪也大了，太麻烦了，还是卖了吧"，然后就把房子拿出来卖了。这样的房子很"笋"吧。因为这类房子往往维修费用和空置率高，因此可以以非常低的价格买到。

还可以采取暗中调查的方法，在租房网站上输入该房源的信息进行搜索。如果没有对应的房源，就很可能没在招租。如果有余力，可以在去实地看房的时候找几家附近的房地产中介问问，"我想下次在这附近买一套这样的房子，入住率如何，房租设定多少？什么样的房子可能成为我这套房的竞品？"这个时候，最重要的是不要说出房源名称（以合同还没有敲定为理由）。这样就能知晓租金的合适价位，以及同类型房的竞争激烈程度和入住率的实际情况。这同时也兼顾了该地区的租赁市场调研，一举两得。

另外，这也是卖方是高龄房东的情况：他们几乎对租赁经营没有什么热情,租赁管理工作完全交给那种不会使用电脑,但互相认识很久了的大爷,而这个大爷往往也是一个人自娱自乐般经营着当地的一家房地产中介,招租信息也不和其他房地产中介共享,以不太工整的手写字贴在店面窗户玻璃上。像这种房子,一般只要装修改造一番,好好招租,入住率就会得到一定改善,还有可能成为一套挺有赚头的房子。

像这样认真仔细地进行实地调查,把握房子具备的潜力是很重要的。现状不行的房子,并不一定真的不行。并且,正因为卖方完全不努力,收益性不行的房子才会有赚头。空房越多,售价就会越低,把房子便宜买到手后装修改造一番,有些房子甚至会展现出惊人的收益率。

31. 不能买的破房子是什么样的

虽然一直都在说"如果是木造的出租房,大部分瑕疵是能够处理好的,不管房子多破,都不需要害怕",但还是有一些房子最好不要下手。尤其是涉及建筑结构的部分,更需要仔细分辨。

①松软地基上建的那种出现倾斜的房子不能要。

首先,最好避开那些已经产生了倾斜的房子。如果是由于一部分柱子的腐烂造成的轻度倾斜,木造结构的比较容易修好,权衡其"修整工程大小和收益率"来选择是否购买也未尝不可。问题是也有地基下沉引起的倾斜。较为常见的有在田地、填埋地之类的松软地基上建房导致倾斜,其中有些房子因为通往2楼的外楼梯和房子本身的地基不协调,导致各自向不同方向倾斜。

即使暂时采取措施修正了房子的倾斜,但因为地基没办法改善,再过几年恐怕还会倾斜。也有向地基注入膨胀性树脂进行强化的工程,但是工程费用通常需要数百万日元。实地调查的时候,可以先在家居中心等地方买个"水平仪"带去。

②进入房子时,要观察房内湿气情况。

还有一些房子建在地下水脉的上面或是容易积雨的土地

上，湿气从地基往上升，聚集在这些房子里。以前建的木造房子气密性不是很好，所以很透气，不容易腐烂，但现在高气密性、高隔热性的房子越来越多，在潮湿的土地上建房的话，房子里会变得到处都是霉菌，很多房子因此报废了。

首先，一进入房子，感受一下是否有一种常年湿气不散、湿答答的感觉，这点是很快就能分辨出来的。其次，观察是否存在柱子腐烂、变色、湿气造成壁纸剥落等情况，严重的甚至房间里到处都是霉菌。我还见过一些建在崖地或是倾斜的半山腰上，地板烂得很厉害的房子。这样的房子显然不行，还是不要下手。

③钢结构房不能有漏雨问题，主体结构以外的生锈问题不要紧。

最好避开长期漏雨的房子。因为不知道水渗到了哪里，说不定在一些意想不到的地方出现了柱子腐烂问题，会对主体结构造成二次损害。尤其是钢结构房，主体结构生锈是无法修复的，因此一定要避开这类主体结构生锈的钢结构房。如果是木造房子，虽说可以替换掉腐烂的地方，但也要花不少钱。

另外，**铁栏杆和外楼梯生锈是常见的情况**，只要去掉锈斑进行底层处理，就可以涂装得漂漂亮亮。如果有腐烂的地方，可以通过焊接替换掉该部分。如果房子因为生锈看起来很破旧，相应地可以多砍砍价。有时候只要房子看上去漂漂亮亮的，入住率就可能会有很大的改善。

最近，使用红外线热成像相机进行房体诊断的方法逐渐普及。通过红外线功能，将房子不同部分的温差可视化，可以很容易地定位出漏水和滞水的地方、隔热做得不到位的地方以及湿气较重的地方（价格一般为数万日元）。

④**要注意挡土墙。**

如果房子位于山多谷多的土地上，还要注意挡土墙。层层墙体将一栋栋房屋像梯田一样分隔开，这些墙体被称为挡土墙，其中一些墙体已经很陈旧了，有些甚至是随意堆砌而成的。这样一来，如果连着下好几天大雨，墙体就会因无法承受水的压力而倒塌。

位于自家上方的人家，如果他家挡土墙和房子倒塌了就会压坏自己的房子，如果自家的挡土墙坍塌给下方人家造成损失，自己就会面临赔偿问题，这些情况是谁都不想碰上的。我也听说过，有人把两层的房子重建成三层后，必须把挡土墙也更换掉，因此花费了巨额工程费用。不仅仅是要调查土地的位置和价格，还要调查清楚房屋本身的情况，不然以后可能会变成一个很大的拖累。

⑤**如果担心白蚁问题、地基等，要请专业人士调查。**

说起木造结构房，最可怕的就是白蚁问题，但实际上，"白蚁问题导致房屋倒塌"这样的事几乎没听说过，考虑到这一点，我觉得没有必要过分害怕。

如果是很可能存在白蚁问题的破房子，可以在专业驱虫人士的陪同下进行实地考察。如果只是请对方看看现场情况并且报个价，有些地方是免费的。如果确实存在白蚁问题，可以估算一下驱虫费用以及换掉虫蛀部分的费用，然后凭借这个问题跟卖家砍砍价。不仅是白蚁问题，如果还担心地基和木造构造的强度等，就花点钱请调查缺陷住宅的住房检查人员（住宅诊断师）等专业人员来看看。

我的一贯主张是，老房子"已经平稳度过了几十年，这本身就是一种证明了"。因为其间经过了多次暴雨、地震的摧残，这套房子会出现的问题几乎已经全暴露出来了，这也就说明今后不太可能会突然出现一些新的问题，如倾斜、下沉等。特别是木造的老房子，房间小并且柱子很多，房子出乎意料地分外结实。

⑥不要爱上某套房子。

最后，请务必记住一句格言，那就是"不要爱上某套房子"。

认真找房子的时候，有时会对某套房子寄予太多美好畅想。对这套房子做了很多调查后，脑海中就会描绘着未来这套房装修改造后的样子，想象着实际投入使用后能收多少房租等，对这套房的各种畅想变得越来越强烈，最后就会陷入简直是"爱上这套房子了"的状态。

这样一来，明明买下这套房会超出预算，房子实际收益率也低于8%，但总想着"都已经在这套房上花了这么多工夫了"等，最后可能会背离自己的事业原则，只凭对这套房的感情买下它。尤其是投资新手，因为没有经验，一旦爱上了一套房，就会变得冲动起来，陷入"必须要把它买下来！"这样的精神状态。

不用这么紧追着一套房不放，好房子会不断出现在你眼前的。"实际要花那么多钱吗？如果是这样的话，那就和这套房没缘分啊"，要时常提醒自己以平常心对待，严格按照选房标准判断是否值得下手。

32. 经营合租房有赚头吗

在市中心找房源时,经常会遇到这样的情况,被某套房源的超高收益率吸引目光,点击详情一看原来是合租房。根据一般社团法人"日本合租房联盟"的统计,日本的合租房数量从 2013 年的 2744 栋增加到了 2020 年的 5104 栋,翻了近一番,现在挂牌出售的合租房也增加了。

对于房东来说,合租房的优点在于其**收益率高**。

用 1500 万日元买了市中心的 3LDK(6 榻榻米 ×3 房间),然后租给一户人家,每月房租能有 15 万日元的话,表面收益率就是 12%。如果把每个房间再分隔成两个房间,就可以改成有 6 个房间的合租房,然后每个房间的房租能有 5 万日元的话,满租时的月租金收入就有 30 万日元,表面收益率将飙升至 24%。

但是合租房多数情况下是不收礼金和押金的,另外考虑到 6 个人的水电费包括宽带费由房东负担这点,实际月租金也就 25 万日元左右。另外,与一般面向单身人士的房子相比,因为合租房的租客更换得较频繁,所以估算的空房期要更久些。

而**合租房最大的缺点是管理委托费较高**。招租、制定居住规则、确保规则的实行等都需要专业手段,因为是在同一个屋檐下生活，抬头不见低头见，合租房入住者之间的纠纷发生频率和程度也比独栋多户出租房要高。一般来说，**管理委托费的行情是房租收入的 2~3 成**，如果参照前面的案例来看，管理委托费收取房租的 2 成，合租房的收益率会下降到约 15%，收取房租的 3 成，收益率会下降到约 13%。

这样看来，合租房似乎没什么赚头。我自己以前也不太想入手合租房。一方面是不知道这样的生活方式和流行趋势会持续多久，另一方面是因为银行不太愿意给合租房贷款，最后要卖掉也会很艰难。目前我计划将高收益率的合租房以低价卖出，就是基于上述这些原因。

因此，在决定要不要出手前，要好好考虑下面几个问题。包括火灾保险和固定资产税等在内，以实际收益率为基础仔细计算，这套合租房在缴纳了房租 3 成的管理委托费的情况下是否能够盈利；根据这套房的地理位置等判断，是否能实现满房经营等。就我个人的感觉而言，**如果一栋出租房以实际收益率 8% 为最终防线，合租房的实际收益率需在 13% 以上再考虑是否下手。**

不过，如果是专职做房东，又喜欢照顾人的投资者，就可以代入那些如父母般亲切的宿管角色进行自主管理。这样一来，最大的难题——高额管理委托费就不存在了，说不定还能在其中实现自己的人生价值。

33. 比起不确定的"竞拍房","任意出售房"更胜一筹

竞拍之所以很受欢迎,是因为通过这一途径可以获得市场上找不到的"宝贝"(指好房子),但我不太推荐这种方式,因为竞拍各方面的不确定性都很高。

首先,因为是竞价制,所以不确定能不能买到。也听说过有人参与了10套以上房子的竞价,却一套也没能成功拍下。

其次,是不知道能不能低价买到。竞拍房起拍的金额很低,看起来很诱人,一旦房子的信息公开,因为谁都可以参与竞价,就导致往往会以比市场行情更高的价格成交。

更糟的是无法仔细调查房子带来的不确定性。如果房子要被拍卖,就不能进入房子,所以只能根据官方发布的几张照片和从房子周围的住户那里打听到的信息来判断。而且法院提供的房子明细表、现状调查报告、评估表等"各项统计"信息不一定是最新的,所以有可能竞拍房实际拖欠的修缮积立金、管理费等会很多。

此外,即使竞拍房存在很大的缺陷,原则上也不会退钱给你。我觉得这是一件非常可怕的事情。出现在拍卖中的,都是"经营不善"的房子。贷款都无力偿还了,也就不可能给房子花钱

搞装修改造，**但很多房子往往需要大规模的装修改造才能租出去。然而，由于无法进行实地调查，所以就无法推算具体装修改造费用，房子的不确定性太高了。**

最后，在房子里有原住民的情况下能否顺利地让其离开，这也是不确定的。如果对方赖着不走，将其驱赶出去也是需要花费很大工夫的，无论是诉诸强制执行等法律手段，还是搬离，或是保管上一任房客遗留的东西，都需要花钱。

对于我来说，比起竞拍房，我更关注"任意出售房"的信息。

所谓任意出售房，**是指拍卖前卖方在得到债权人（房子主人）的同意后，"任意"将房产变现的机制。**相较于竞拍房，任意出售房可以买到的确定性更高些。即使是要做房子调查，也可以借钥匙进入室内，还可以查看出租记录（出租情况历史记录），这一点也比较让人放心。

话虽如此，**与正常买卖不同的是，这不是只有卖方与自己的一对一交易，还要与债权人协调，这就相当麻烦，耗时也较长，这是一个缺点。**多少得让债权人"哭一场"，也就是让拿房子做抵押的债权人把债务一笔勾销，所以不能保证所有债权人都同意。我在小山市的房子是通过任意出售的方式购买的，但成交花了5个月的时间。那段时间，即使有其他好房子出现，我也只能干看着，这让我感到很焦虑。

即便如此，**比起竞拍房，我还是觉得任意出售房更好。**但

是真正好的任意出售房，几乎不在市场上流通。因为大部分都是中介自己买了，再加价卖出去，所以最好能和持有这类房源的中介取得联系，将房源信息握在自己手里。顺着互相之间的人际关系网，我从一个专门处理投资案例的从业者那里通过多方介绍，联系上了一个擅长任意出售房操作的从业者。在不断买进房子的过程中，我的人脉也逐渐变广了。

但是对于刚想要开始投资的人来说，是没有接触任意出售房的渠道的。即使偶然向中介询问别的房子时，他也奇迹般地愿意给你介绍"也有像这样任意出售的房子哦"，后续与债权人的协调等的操作难度也太大了。因此，先把这类房的存在记在脑子里，然后还是从寻常房子入手，一边提高自己作为房东的能力，一边请教前辈房东和中介，摸索任意出售房的门路。

⚠ 找收益房需要关注的网站①

LIFULL HOME'S[1] http://www.homes.co.jp/

投资用房充实，检索功能也较为充实。登记房源超过 500 万套。如果用"投资房源检索"进行搜索，还可以同时使用"收益模拟"功能，该功能将以图表的形式展示出现空房后对资金周转率下降的预测以及房屋贷款偿还情况。

雅虎不动产 http://realestate.yahoo.co.jp/

由于不是投资房源的专门网站，虽然有二手公寓、一户建以及土地的信息，但没有独栋出租房与收益率的信息。点击"买"，然后点击"土地"查看信息。不容易与其他投资者产生竞争，还有可能淘到宝贝！

乐待 http://www.rakumachi.jp/

日本最大收益房专门网站。在"购买需求"上登记，相关信息自动送达。特别推荐给那些有明确想要的房源类型的人。预先登记过需求的人，若是房源符合其需求，就会优先收到该房源的信息。还提供了方便寻找房源的智能手机 APP。

"看得见！租赁经营"中空置率简单易懂。它还提供"空屋银行"

不动产投资联合队 http://www.rals.co.jp/invest/

全日本都有合作的房地产中介，房源相对较多。照片、房型图丰富，基本可以确定房源所在地，通过刊登的信息方便预查。路线价格、周边情况也容易调查。"高收益率"和"小额投资房搜索"功能也很方便。

乐待免费提供"不动产投资问答服务"

---

1 译者注：LIFULL HOME'S 是日本最大的房地产信息网站，网站上登载的房屋数量可观，覆盖日本全国 47 个都道府县，包含房屋租赁、买卖、装修、建造、投资、搬家等不同的业务板块，可以最大限度满足每一个客户的多元化需求。

⚠️ 找收益房需要关注的网站②

AT HOME 投资　http://toushi-athome.jp/

面向投资者的"首次不动产投资"专栏和问答信息非常充实。不动产投资现状和必要知识一应俱全。可以用"收益率15%以上的房子特辑"等热门词条进行搜索。也提供"空屋银行"。

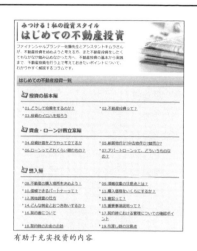

有助于充实投资的内容

新指南 http://www.re-guide.jp/

前 SBI 不动产指南。除了"寻找收益房子",还对接"房产出售"。"不动产投资入门"提供"不动产投资启动讲座"。在检索功能中,可以通过人口增减率和人口密度来缩小搜索区域,也可以通过专任等交易形式进行检索。

健美家 http://www.kenbiya.com/

可以按照价格区间,出租房和公寓等不同房型,收益率15%以上等条件检索,效率较高,而且照片、房型图也很丰富。备注栏中有时候也会出现专业人士的感想。标注了收益率这点很方便。

OC不动产租赁 http://house.ocn.ne.jp/toushi/

由 NTT 通信公司运营,刊登的房源数超过10万套。检索工具很优秀,可以通过都道府县、市区町村、线路·车站、房子类型、价格区间、表面收益率等进行搜索。房源按价格和收益率顺序排列,简单易懂。

全国房东会 http://www.ooyanokai.com/

不是收益房的检索网站,而是作为番外篇介绍给大家。据说全国大约有130个房东团体。可以在这个网站上寻找房东团体的所在地,试着扩大交流范围。如果有志同道合的伙伴,应该会受到很大鼓舞。

第3章

即使资产性比较低,也能从银行获得贷款的秘诀

34. 虽然融资形势再次变得严峻了,但是……

2010年本书初版出来的时候,这一章就以"虽然融资形势严峻……"为标题。在2016年的新版中,标题改为了"融资形势良好助推房地产投资",而融资形势在2021年再次回到了"严峻"的状态。

让我们来说明一下与2016年相比,2021年的融资形势发生了哪些变化。日本全国银行协会2021年4月发布的"存贷款速报"显示,首先,从包含房地产投资在内的整体融资情况来看,贷款余额从2015年末的约470兆日元逐年增加到了2020年末的约540兆日元。虽然受到了新冠肺炎疫情的影响,但由于资金周转和确保手头资金的需求,贷款余额反而有所增加。

如果没有什么特殊情况,在这样的融资形势下,房地产投资也会继续顺风顺水,而给这一情况泼了冷水的就是我们在序章中提到的"骏河银行事件"和其他金融机构的非法融资事件。

金融机构一齐收紧了对房地产投资的贷款口子。特别是对没有经验的人和资质差的人,贷款条件更加严苛。即使是走介绍人途径,以前只要自有资金有300万日元就可以了,现在变成了"账户上最少得有500万日元"。乡下等偏远地区的金融

第 3 章 即使资产性比较低,也能从银行获得贷款的秘诀

机构,以前对于出生于本地的县外居住者的贷款申请,只要在父母的住所等以个人或法人名义登记就可以发放贷款,而现在有些会直接拒绝县外居住者的贷款申请。

我咨询了一位相熟的房地产中介,他说:"虽然用于投资房地产的贷款申请通过率下降了,但贷款额却在上升。这对有经验的和资质好的人是有利的,最近企业也开始涉足房地产投资,相反没有经验的和工薪阶层的投资者就少了。"

实际上从 2021 年春天开始,银行的贷款条件对有经验的人、资质好的人以及能够投入大量资金的企业有利的趋势已经非常明显。"地理位置好、资产性高"的房子和之前一样很容易获得贷款,关东的某些地方银行对房子房龄的要求很严格(也就是说廉价的老房子很难获得贷款),对于新建房则会较为积极地开出无首付的全额贷款。对于某偏远城市一边经营事业一边进行房地产投资的实业家,据说反而是金融机构主动提出愿意提供一笔贷款,用于 NPO 法人在 2020 年包下的日间托老所的新开发项目。当地银行拿出包括土地在内的全额贷款,他只需要签个字就可以了。这样的实际案例也有不少。

毕竟银行的工作是放贷,向那些有担保、容易租出去、可以稳定运营的房地产放款,对它们来说也是很有赚头的。

虽说同样是处于融资"严峻的情况",但现在的形势也与本书初版发行时不同。当时,处于非优质地段或因老旧等因素

难以获得贷款的房子，由于卖不出去，价格不断下降，收益率变高。但现在即使在难以获得贷款的情况下，房子的价格也不会降得很低。因为即使银行收紧了贷款口子，非银行机构方面的融资却依旧很活跃，再加上房地产投资获得了普遍认知，还有一些资金充裕的人觉得"如果是低价老房子，折旧还是很有吸引力的"（这点也会在后面详细叙述），然后不断买入房子的案例也在增加。

再次强调，银行对于房地产融资的态度是不断变化的。以前融资较为积极活跃的地方如今却变得举步维艰，以前在房地产投资界鲜少听闻的地方反而变得活跃了起来，偏远地区的金融机构以吸收合并为契机，"反攻"东京等大城市的案例也有不少。我觉得现在很有可能是处于金融机构体制的重大转型期，没有实操成绩或者资质较差的人暂时处于劣势，**但是可以通过增加自有资金的比例，一点点增添自己在房地产投资方面的实操经历等，为自己争取机会。**

那么，接下来我就来介绍容易获得贷款的金融机构和获得贷款的技巧。

35. 提高融资成功率的交涉技巧

在考虑如何提高融资成功率之前，我们先要知道金融机构是如何决定是否放贷的。

金融机构的融资标准包括"积算评估法"和"收益还原法"两种。

积算评估法，换句话说就是"所购房产的资产价值"。如购房者投资失败，抵押的房产能卖多少钱，金融机构关注的正是这点。因此，地理位置好、新建或新建没多久等资产价值高的房子的积算评估价也会高些，相反地，非优质地段和老房子的积算评估价会低些。

收益还原法，通俗来说就是"所购房产的收益性"。 也就是该房源一旦开始出租将带来多少收益，说到底金融机构在意的是这些收益够不够每月还贷。

如果按照这个思路去想，当然用收益还原法评估价较高的房产更容易获得条件较好的贷款，但正如我们之前所说，房子的资产性和收益性往往成反比。也就是说资产性低导致积算评估价非常低，但是因为收益率较高，收益还原法（即事业性）评估价就会变高，最后在两种不同标准下，同一栋房子的评估价会出现两极分化的情况。

这种情况下，是更加重视积算评估法得出的结果，还是更加重视收益还原法得出的结果，取决于各个金融机构的个性。一般来说，**城市银行和大型地方银行重视积算评估法的比较多，小型地方银行、信用金库、信用合作社、非银行机构重视收益还原法的比较多。**

另外，除根据这两个基准进行评估之外，工作单位、年收入、有无欠款和手头资产等贷款人本人的属性也是一大重要因素。银行会根据上述信息综合判断"如果把钱借给这个人，此人能否按时计息还贷"。如果贷款申请人有过相关实操经历，那么即使自由资金少，也很容易通过贷款申请。另外，通过某些掌权人或与金融机构有长期交易来往的人介绍去申请贷款，通过率也会相对高些。

那么，如何获得有利的特有贷款[1]呢？

按照我的做法，**当然会向重视收益还原法的金融机构发起攻势。**申请贷款时，金融机构出于不安会问一些问题，比如"非优质地段也没问题吗？""老房子也没问题吗？"，所以需要好好向他们说明，"空房间很多是因为以前的房东没有好好经营，如果我是房东，我会采取各种措施去改善这个问题"，"即使是老房子，进行兼顾抗震加固的一番低价装修改造之后房子就可以焕然一新"。认真准备好多种装修改造方案的估价，提

---

1 译者注：指签约时不需要通过保证公司，由每个银行自己制定的贷款。

出建立在与现状相匹配的房租上的收支计划,而不是沿用房子之前的房租,并且这份收支计划不能只展示积极的一面,要诚实地将消极的部分也展示出来。贷款申请人是否会将投资房地产作为一项事业认真对待,这也是金融机构的关注点。

金融机构的贷款分为"打包贷款"和"特有贷款"两种。打包贷款是根据贷款人的年收入、房产的剩余经济价值年数(例如,自家银行定下规定,将"60年 – 房龄"作为贷款的最长期限),以及销售额减去贷款等还剩多少,通过一定的标准确定是否可以放贷。它可以说是现成产品,倾向于可以通过抵押价值等容易做出判断的积算评估法。与此相对,特有贷款是各个银行自己制定的贷款,它通过仔细检查贷款人的事业性,以单独的标准判断是否予以贷款("特有"具有"单独和独特"的含义)。打包贷款由于是通过担保协会进行的,所以达不到条件就没得商量,但特有贷款是银行自行判断是否放款,以收益还原法为主轴,还会参考贷款人展示出来的经验值和事业计划等,更加灵活,交涉余地就相对大些。

虽然我的方法不适合申请打包贷款,但获得特有贷款的可能性很大。实际上,有些银行对外规定"年收入1000万日元以上为贷款条件",但也有给年收入500万日元的人提供贷款的案例;也有宣称"需要连带保证人或共同担保",但实际上却不需要这些的案例。

说句题外话，金融机构如今在融资策略上逐渐倾向于不需要连带保证人。过去设立连带保证人是理所当然的，但最近一方面出现了宣称"不需要连带保证人"的金融机构，另一方面也有金融机构提出"只请配偶作为命运共同体成为连带保证人"。如果是法人申请贷款，"只请代表人做连带保证人"的案例比较多，我认为能够使风险波及范围变小的转变是应该支持的。

提高贷款成功率的方法因人而异。比如，如果老家有空出来的土地，那么通过将其列入共同担保，就很可能成为获得贷款的决定性因素。当然这样做确实也伴随着风险，但不冒些风险哪能抓住机会。

所谓融资标准不过是大致标准而已，首先要主动找对方商量贷款事宜，告知对方自己的年收入、存款等财务状况，以及房子的资产性和收益性，再真诚、饱含热情地向对方介绍自己预想的事业计划，如果对方觉得这个计划有戏，一定会认真聆听。这时，**别人的介绍、保证人、共同担保、亲人提供的援助金等，只要能用得上的筹码都要用上**。如果是已经有了房子、有装修需求的人，也有办法可以不用现金，而是用贷款的方式完成装修改造，这样一来，也就能算作与银行进行了一笔交易，多了一次实操经历。勤勤恳恳还贷的同时也是在增添相关实操经历，积累装修改造经验值也是提高贷款成功率的策略之一。

36. 可以从哪些金融机构贷款

具体应该从哪些金融机构贷款、各个金融机构的融资标准等详细内容将在后文单独讨论，这里先对其进行简单概述。

说到银行，第一个想到的就是"**城市银行**"。这类银行的营业厅遍布全日本，贷款区域也几乎覆盖了整个日本，并且现在的利率几乎为0，非常低。但就结论而言，向城市银行贷款几乎是不可能的。不在大企业工作的人或者年收入低的人基本不在其客户之列，一句话"请准备3成的自有资金"就被打发了。其融资标准当然是"资产性"。我们瞄准的那些高收益率房里是没有能够入它们眼的高资产性房的。这里是"有钱人贷款"的地方，而不是"帮想成为有钱人的人实现梦想"的地方。

因此，城市银行就不在我们的选择范围内了。接着来说说**地方银行**，它的特点是鱼龙混杂。它提倡"培养人才为地区做贡献"的企业理念（且不说其实际情况如何），贷款区域基本限制在当地或邻县，个人属性等贷款门槛会比城市银行低，但利率会更高。因为这类银行有很多，所以不同的银行对房地产投资的贷款态度、贷款标准也各不相同。

另外，**各地的信用金库和信用合作社**与当地进一步捆绑，贷款区域和贷款人居住区域都限制在当地。和地方银行一样，为了培养人才振兴地区产业,它们对待客户的贷款申请也更为积极,对特有贷款的接受度也比较高。虽然利率略高于地方银行,但即使是超过法定耐用年数的老房子、再建筑不可的房子,也有可能获得贷款。

而非银行机构,利率会高一些,但优点是资质差的人、自有资金少的人也容易申请到贷款。自"骏河银行事件"以来,在许多金融机构萎靡不振的情况下,非银行机构没有受到太大影响,也没有改变对融资的态度,因此接收了大量融资申请,至今仍有势头。甚至有传言说,由于融资申请过多,出现了审核时间变得更长,对年收入的审核比以前更严格的情况。

此外,日本政策金融公库和商工中金等公共金融机构在民间不太愿意贷款买房的群体和相关案例中起到了安全网的作用。特别是我推荐的日本政策金融公库,将从本书第134页开始详细进行说明。关于商工中金,因为我刚开始干这行的时候有吃过其闭门羹的苦涩记忆,所以它给我的感觉是以中小企业为对象,个体户很难通过它贷款,但是最近听说即使是专职房东也能通过这类机构贷款。

不管是哪种金融机构,如果你毫无准备地突然上门问它能不能给你贷款,想如愿是相当困难的。提前准备好事业计划书并认真展示,获得贷款的可能性会大大提高。即使第一次没成功也别放弃,第二次、第三次多次上门申请的话,对方就会感受到你对这一番事业的热忱。另外,即使某个金融机构不理会你,也可能有其他金融机构愿意和你谈。如果有可以马上联系得上的金融机构相关负责人,心里也会变得很踏实,所以为了构筑这样的关系,也要尽可能多去几家金融机构,与其相关融资负责人接触商谈。

各金融机构的特点

金融机构	特点
城市银行	区域覆盖全日本,现在的利率非常低,0%左右。资质差的人基本不能获得贷款
地方银行	区域基本限定在当地或邻县。虽然门槛比超级银行低,但利率比超级银行高
信用金库、信用组合	贷款和贷款人居住区域限定在当地。虽然利率比地方银行略高,但有可商量的余地
非银行机构	虽然利率较高,但资质较差的人、自有资金较少的人也容易申请到贷款。也有传言说对贷款人的年收入限制变严了
日本政策金融公库	收入少的人、自有资金少的人的安全网。能够以较低的固定利率贷款
商工中金	除中小企业以外,最近对专职房东也敞开了大门。能够以较低的固定利率贷款

37. 从日本政策金融公库贷款

日本政策金融公库（以下简称公库）成立于 2008 年，是财务省管辖的特殊公司，主要用于个体户也可以申请的"事业"贷款。因为租赁房地产经营是一门很好的事业，所以基本不会有融资问题，当然日本全国都是如此。

①**公库的优点与缺点。**

公库的原则是不给民企带来压力，为民间金融机构无法获得贷款的案例提供贷款，相当于给收入少的人、收入不稳定的自由职业者、自有资金少的人提供了安全保障。**不管是非优质地段的房屋，还是老房子、再建筑不可房，或者是贷款金额太小、民间不支持的案例，都可以为之提供贷款，并且令人高兴的是，在公库可以获得相对利率较低的固定利率贷款。**但其贷款标准是不公开的（本节将基于不同的实操成绩和与分行负责人沟通的经验，向大家介绍相关信息）。

除此之外，**由于是针对"事业"的融资，所以很容易同时申请到装修改造资金和运营资金，这也是公库的优点之一。**如果购买房产后需要大规模修缮，也可以另外办理装修改造贷款。万一发生意外情况，需要重新调整还款日程，公库对此的接受度也较高，是非常令人安心的贷款对象。从周围的实际利用情况来看，公库对房地产租赁业（或投资）的放款案例比本书初版发行时明显增加了。

公库的缺点是贷款期限短。与2016年本书推出新版时相比，公库的利率虽然变低了，但感觉贷款期限更短了。贷款期限短，即使利率低，每月还贷金额也会变多，存不了多少资金。当然，由于支付期限短，需要支付的利息总额也少，但即使这样手头也很难存下资金，这对于后续购买房产是不利的。

此外，公库对房屋的评估往往也较为严格。例如，对于2000万日元的房屋，如果是民间金融机构，会给出7成左右、1400万日元左右的评估价，公库的话，则是5~6成、1000万~1200万日元（因为公库可能会在此基础上会根据贷款人的"资质"加上额外金额，因此不要轻易放弃公库途径）。公库对这类房子的评估价是设定了安全边际的。所以如果要利用公库，最好准备好事业计划书，如果有可以用作共同担保的房子和保证人，就可以有效利用这一途径申请贷款。

②税务申报未满两期，事业开始7年内的人是抢手货。

从公库官网可以看到各种各样的商品（融资项目），一般较为容易申请到的贷款，顾名思义就是**"一般贷款"**，其融资条件为出租房等设备资金的贷款期限为10年，并且存放期不超过2年（以前叫作"普通贷款"）。到目前为止，适用于出租房的"新开业资金""新创业融资制度"等可以贷近20年的融资项目较为常见，但最近似乎有所减少，我想这就是让人感到"**融资期限变短**"的主要原因吧。另外，贷款的额度也很少，只有 4800 万日元，但因为公库主要是起保障作用的"安全网"，所以也不能奢求太多。

即便如此，**新手想要挑战的还是"新创业融资制度"。**这个制度以**事业的税务申报未满两期的人为对象**。贷款额度更少，**只有 3000 万日元**，但如果购买的房产能够用于担保，就可以以相当低的利率贷款。

无担保申请贷款的话利率会上升，每笔贷款额也不会有太大的增长，最多也就 500 万日元或 600 万日元的水平。我认为要凭借这类贷款买一栋出租房是不现实的，但如果用于翻新没有担保价值的破旧一户建，或者当作装修改造贷款来使用，则再合适不过了。

另外还有"**新开业资金**"和作为其衍生品的"**女性、年轻人 / 高龄创业者支援资金**"。该类贷款的贷款对象为**事业开启后 7 年以内的人**，利率低，贷款期限最长可达 20 年，甚至**贷款额度也高达 7200 万日元**，如果能利用该类贷款，就会很赚。但是该类贷款的注释中说："只限于那些对于自己将要开始的事业，制定了适当的事业计划书，并被认为有足够能力执行该计划的人。"我觉得要达成这个条件是有些困难的。

向公库相关人员确认后，"新开业资金"似乎是针对"有该事业相关经验的人、以前从事同一行业的人出来单干的情况"等开设的贷款项目。公库有各种各样的项目,但这些项目并不由贷款申请方来选择(当然,这些项目也会公开展示出来),而是在公库方审查房产资料和事业计划书后,由公库方来决定选择哪一个项目。因此,如何制定出让公库相关负责人觉得"适用新开业资金"的事业计划书是关键。其诀窍是,将设想的空房时间和修理费用也一并加进去,制作出具有现实意义的事业计划书。

③分行和负责人不同,贷款态度亦有差别。

另外,这些贷款制度都是根据贷款项目和申请人的名义来定额度的,所以第1栋和第2栋房产由个人购买,好好地满租经营,然后以妻子的名义用"女性、年轻人/高级创业者支援资金",或者自己成立公司用"新开业资金"来买规模较大的房产也是可以的。实际上,我有个房东伙伴是以经营出租房的法人的名义贷款,并在获得了最高额度的一般贷款之后,成立了新公司,再从新开业资金中贷了6000万日元,又建了两栋新出租房。因为这样的融资制度的称呼和期限等条件经常变更,所以需要定期在公库的主页上进行确认。

此外,即使是同样的贷款项目,利率也会有所不同,但基本都是以其最低利率放贷。这大概是因为公库作为一个公共机构,如果在满足要求的情况下以较高的利率放贷,以后可能会出现问题。

最后,**听说公库根据分行和负责人的不同,对待融资的态度也有相当大的差别**。也有对房地产租赁业(或投资)方面的贷款不积极的人,如果遇上这样的负责人,对房产的评估价也会降低。至于在哪家分行办理贷款,他们一般会告诉你"优先离居住地最近的分行",但是好像用房产所在地、在自己工作单位附近等理由也可以在别的分行办理贷款。一旦开始交易,就只能在该分行进行后续操作了。

关于信息的收集,买卖房产的中介可能有渠道联系公库的相关负责人,可以和他们商量一下。

第 3 章 即使资产性比较低，也能从银行获得贷款的秘诀

38. 日本政策金融公库的利用模拟

下面就如何利用公库贷款达成"一年房租收入 1000 万日元"进行场景模拟。

第 1 栋房产如果能利用"新创业融资制度"或者"新开业资金""女性、年轻人 / 高龄创业家支援资金"，贷款期限就会很长，相应地，每月能攒下来的钱也会增加，这是比较理想的情况，但前提是以上全部利用的都是"一般贷款"。一般贷款的融资上限为 4800 万日元，但随着还款的推进，贷款本金会减少，因此理论上 10 年可以买 5 栋 1600 万日元的房产。

首先积攒 300 万日元的自有资金，将 1600 万日元的出租房作为购入的第一栋房产。表面收益率是 13%，房租收入一年是 208 万日元（每月约 17.3333 万日元）。各种费用加起来需要 100 万日元左右，购入房产总共需花费 1700 万日元。

自有资金是 300 万日元，所以 1700 万日元减去自有资金，需要贷款 1400 万日元。以最大限度的现金流为目标，贷款期限定为 10 年，每月还款额为 12.3315 万日元（利率为 1.11% 的情况）。

除此之外，下面列举了其他需要费用支出的项目及其金额设定。

·管理费……定为房租的 5%，每年 10.4 万日元（每月 8667 日元）

·共用电费……一年 1.08 万日元（每月 900 日元）

·固定资产税等税金……一年 6 万日元（每月 5000 日元）

·火灾保险费（互助）……一年 3 万日元（每月 2500 日元）

·房屋维修基金……一年 10 万日元（每月 8333 日元）

这些费用每月小计 2.54 万日元，**加上还款额，每月的支出为 14.8715 万日元。**

一个月的房租收入约 17.3333 万日元，所以每个月有 2.4618 万日元（约等于 2.5 万日元）的现金流。入住率有 9 成的话差不多可以维持收支平衡，如果入住率只有 8 成，就会出现赤字，所以即使要稍微花点钱招租，也必须拼命保证入住率。

满租经营的话，每月现金流约 2.5 万日元，听上去有点少，因为这是最容易获得的一般贷款。如果之后还完贷款，这些收入就会成为自己的资产，所以我认为还是很值得一试的。

而且，如果是满租经营，每月大约能存 2.5 万日元，一年大约能存 30 万日元。努力做好本职工作，尽可能增加收入，同时节俭度日，再次攒下 300 万日元，每两年找到一栋 1600 万日元左右的房产，并试着向公库贷款。不够的资金就以正在稳定还贷的房产的担保余力作为共同担保，在达到上限 4800 万日元之前反复向公库贷款。

第3章 即使资产性比较低，也能从银行获得贷款的秘诀

日本政策金融公库的利用模拟

以自有资金300万日元买下1600万日元的出租房

1700万日元 － 300万日元 ＝ 1400万日元
出租房+各项费用　　自有资金　　　　不足金额

得到1400万日元的贷款

10年固定利率1.11%（1400万日元）

月供：12.3315万日元
月管理费：8667日元
其他费用：1.6733万日元

支出合计　14.8715万日元

每月现金流

17.3333万日元 － 14.8715万日元 ＝ 2.4618万日元
月租收入　　　　支出

假定10年后拥有5栋1600万日元的出租房

每月现金流

14.8万日元　房租收入　【贷款还清】　第一年
＋　　　　17.3万日元 - 支出2.5日元　　第一栋
2.5万日元　房租收入　【正在偿还贷款】
＋　　　　17.3万日元 - 支出14.8万日元　第二栋
2.5万日元　房租收入　【正在偿还贷款】
＋　　　　17.3万日元 - 支出14.8万日元　第三栋
2.5万日元　房租收入　【正在偿还贷款】
＋　　　　17.3万日元 - 支出14.8万日元　第四栋
2.5万日元　房租收入　【正在偿还贷款】
　　　　　17.3万日元 - 支出14.8万日元
　　　　　　　　　　　　　　　　　　第五栋

十年后

每月现金流约24.8万日元

※ 不足1千日元的四舍五入

141

这样的话，虽然是以满租经营为前提，并且没有将退房时的装修改造费算进去的理论值，但在还清第一栋房子贷款的11年后，每月会有约24.8万日元（14.8万日元+2.5万日元×4栋房子）的现金流。之后只要提前还清贷款，很快就可以实现无欠款状态下"一年房租收入1000万日元"的目标了。

如果能用"新开业资金"买入第一栋楼，拉长融资期限增加现金流的战术也是很有效果的。虽然还清贷款的时间也会相应延长，但是可以为后续买入第2栋、第3栋房产较快地积攒自有资金，这也不失为一个好方法。选用哪种方法可以根据具体情况来定。

顺便一提，如果能以18%的表面收益率买入同样的房产，那么各项模拟如下图所示。收益率仅仅相差5%，第一年每个月的现金流就会相差3倍多。可见收益率是多么重要。所以从选房的阶段开始就要死死咬住收益率，学好砍价技巧和低价装修改造的技巧是很重要的。即使收益率只有1%的差别，也不能轻易妥协，要尽全力争取。

第3章 即使资产性比较低，也能从银行获得贷款的秘诀

表面收益率为 18% 时的模拟

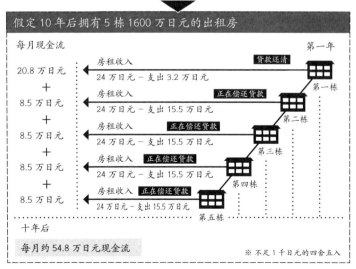

※ 不足 1 千日元的四舍五入

39. 较为推荐的地方银行、信用金库、信用组合、非银行机构

按照我的方法，首先推荐日本政策金融公库，但由于其贷款期限短、房产评估严格等，有时候可能不是个好选择。因为有可能会碰上一些对房地产投资不太了解的分店和相关负责人。

因此下面我将介绍一些对房地产投资较为积极的地方银行、信用金库、信用组合和非银行机构。虽然都是房地产投资者群体中热议的金融机构，但说到底都是2021年夏季时的信息，机构对于融资的态度是在不断变化的。即使在其中一处被拒绝了，也别在意，就当和自己没缘分，继续去下一处挑战吧。

金融机构名称	年收入	贷款期限	利率	评估方法	备注
SBJ银行	无。自有资金需占1~3成	可超过法定耐用年数，最长35年	2.875%~3.575%	基本是收益还原法	贷款上限为1亿日元。从车站步行15分钟以内，需要坐公交车去的不行。不需要共同担保。原则上配偶为连带保证人

第3章 即使资产性比较低，也能从银行获得贷款的秘诀

续表

金融机构名称	年收入	贷款期限	利率	评估方法	备注
静冈银行	需要拥有700万日元的自住房	超过法定耐用年数也有机会	3%左右	未知（可能偏收益还原法）	贷款名称"宽贷"。不适用于再建筑不可房。贷款上限在一亿日元以内。根据资质和房产质量也有机会获得全额贷款
骏河银行	据说基本是1000万日元……	50年-房龄，最长35年（木造结构）	与城市银行相同水平的1%左右的低利率	基本是收益还原法	范围覆盖全国。审查速度非常快也是其魅力所在。原则上不需要共同担保
セゾンファンデックス	未知	可超过法定耐用年数，最长25年	2.65%~4.45%（浮动利率）；4.5%~9.9%（固定利率）	未知（可能偏积算评估法）	业务范围覆盖全国
三井住友信托L&F	无	可超过法定耐用年数，二手房30年以内	2.9%~4.4%（无团信）；3.3%~4.8%（有团信）	积算评估法	可以通过共同担保进行全额贷款。贷款金额超过5000万日元时利率优惠至2.9%。再建筑不可房也适用
东日本银行	未知，面向专职房东和从业者	基本在法定耐用年数以内	1.5%以上	未知（可能偏积算评估法）	业务地区为东京都、千叶县、埼玉县、神奈川县、茨城县、栃木县

145

续表

金融机构名称	年收入	贷款期限	利率	评估方法	备注
千叶银行	1000万日元以上，也有听说需要2000万日元的……	未知。对老房子较为苛刻	1.0%以上	收益还原法和积算评估法两种	超过法定耐用年数的房租收入不予审核。偿还贷款部分按负数算。新建房有机会获得包含土地费用在内的全额贷款
德岛大正银行	1000万日元以上	50年－房龄（木造结构）	2%左右	未知（可能偏收益还原法）	业务地区是距分行1小时能到的范围内（东京都、四国4县、大阪府、兵库县）
香川银行	表面上是"无"（500万日元以上）	50年－房龄（木造结构），35年以内	2%~2.8%	未知（可能偏收益还原法）	购买1都3县的房产时，居民票必须是位于东京都、神奈川县、埼玉县、千叶县中的一处
横滨银行	神奈川县内700万日元，都内分行1000万日元	不同主体结构房的规定耐用年数－房龄	1.0%以上	收益还原法和积算评估法两种	贷款比例从"自有资金占50%"的人到全额贷款的人各不相同。特有贷款不限于上述条件

第3章 即使资产性比较低，也能从银行获得贷款的秘诀

续表

金融机构名称	年收入	贷款期限	利率	评估方法	备注
欧力士银行	年收入500万日元以上	40年－房龄（木造结构），可加息延长	3.3%~3.675%	未知（可能偏收益还原法）	业务地区为首都圈、近畿圈、名古屋市、福冈市。札幌、仙台、北关东、东海圈、北九州市、久留米市、熊本市也有可以办理的地方
东京湾信用金库	无	可超过法定耐用年数，最长35年	2.775%~6.775%（含保证金）	未知（可能偏收益还原法）	业务地区是东京都、千叶县、埼玉县和茨城县的一部分地区
横滨幸银信用组合	未知，面向专职房东和从业者	法定耐用年数以内，木造结构为22年	2%左右	收益还原法和积算评估法两种	贷款金额是房产评估价的75%~80%

40. 从骏河银行贷款

即使是低收入者,虽然利率较高,但也能为之提供贷款,它就是地方银行中的翘楚,被称为房地产投资"最后的堡垒"——骏河银行。

但是 2018 年爆出的"南瓜马车"事件大大降低了它在人们心中的形象。值得一提的是,案件的受害者们于 2020 年 3 月提起了集体诉讼,双方最后就"以房产抵债的方式抵销债务"达成了一致协议,赔偿金总额为 440 亿日元。骏河银行不得不压缩业务,并进行经营重组,但据说其在 2020 年度也是盈利的,如此看来其企业潜力相当大。

骏河银行最初以积极应对房地产投资相关融资而闻名,曾经有一段时间,即使是木造老房子,也能获得 20 年或 30 年的长期贷款。但是银行的贷款基准是随着经济和社会形势而变化的。本书初版发行时的 2010 年,该银行就有"木造房的贷款期限在法定耐用年数以内"这么一条令人遗憾的规定。也就是说,木造房只能与新建或者几乎新建的房子差不多一个待遇。不过,这一规定如今也变了,**木造结构房和轻钢结构房的贷款年限可以定为 50 年减去房龄后的年数,最长 30 年。也就是说房龄 30 年的房子可以贷款 20 年。**

第 3 章 即使资产性比较低，也能从银行获得贷款的秘诀

基本上，骏河银行在房子评估方面**重视收益还原法**，所以和我的方法很合拍，我自己在购买小山市的公寓时也获益良多。当时利率也比较高，现在利率低了很多。虽然是浮动利率，但 1% 左右的利率和城市银行差不多。而且在投资者心目中，骏河银行的浮动利率以"不浮动"（当然也不能保证绝对不浮动）著称。融资额度也不超过 10 亿日元，与城市银行相当。**骏河银行虽说是地方银行，但业务范围覆盖全国，而且审查时间在 1 周以内。**如果申请资料准备得很充分，两天左右贷款就能申请下来，和其他买家拼速度的时候也是很有优势的。

但令人遗憾的是，近年来骏河银行**"对于资质的审查也和城市银行一样了"**。据说年收入 1000 万日元是基本条件，但这并不是多么严格的规定，实际上对于那些金融资产较多的人，年收入 500 万日元也是可以申请下来贷款的，这点倒是挺符合骏河银行一贯的风格。另外，欠款较多的话，申请贷款时的负面影响就比较大，但由于骏河银行重视金融资产，即使有很多未还清贷款的房子也有可能申请到贷款。

另外，骏河银行对于中途换银行贷款的行为惩罚力度较大，贷款 5 年内换银行贷款的话，罚金是提前偿还额的 2%，负担很大。我想这是因为过去利率比较高的时候，很多人中途换银行贷款（我也换过）的行为让银行顾虑较深，但现在利率低，所以问题应该不大。

41. 从静冈银行贷款

静冈银行总部位于静冈市,通称"静银"。其规模在当地银行中位列第三,因其稳健的行风和严苛的放贷态度也曾被戏称为"小气银"。而现在,静冈银行作为对房地产投资相关贷款采取积极态度的银行之一,在投资者中颇有人气。

静冈银行有一种贷款叫"**宽贷**",与普通贷款不同的是,超过法定耐用年数的老房子也有获得贷款的可能。"骏河银行事件"爆发后,静冈银行对宽贷的审核条件一度较为严苛,但现在似乎松了些。宽贷利率为 3% 左右,预批准需大约 1 周,审查速度虽然不如骏河银行,但也算是快的了。

但其贷款条件中,年收入标准定为 700 万日元,宽贷的申请条件之一是"**自己名下有居住用房**",也就是说没有自住房的人无法申请该贷款,这点就较为致命。顺带一说,还有一种叫作"出租房贷款"的贷款项目,这是针对那些持有土地的人新建房屋时以及应对继承相关事宜时推出的贷款。

静冈银行的业务地区涵盖静冈县、神奈川县(不包括三浦海岸附近)、东京都、埼玉县和千叶县(仅限于靠近东京的地区)、名古屋和大阪市。

42. 从 SBJ 银行贷款

即使写作"SB",和软银也没什么关系。该行是于 2009 年在东京发迹的韩资日本法人,也加入了全国银行协会。

SBJ 银行有一种贷款叫"ANY 房贷",**审查重视收益还原法。**该行对于老房子的融资态度不甚积极,"房子太旧的话融资就比较困难了",所以给人的感觉大概是平成时代以后建起来的房子更有希望通过审查,但似乎也没有对房子的建筑年限进行严格规定。超过法定耐用年数的房子也是有可能获得贷款的,如果贷款申请人资质好、有金融资产、与负责人洽谈的时机也不错,贷款期限也会延长。

融资金额是"挂牌价格与 SBJ 评估价这两者中较低价格的 9 成",也就是说即使房子挂牌价格是 2000 万日元,如果 SBJ 评估价是 1600 万日元,则评估价的 9 成,即 1440 万日元为贷款额上限,并且利率似乎也较高。

SBJ 银行没有年收入需达到多少的条件,自有资金占一成到三成。如果顺利,只需要拿出房价一成的自有资金和各种费用就够买房了,这也算是其优点吧。**SBJ 银行可融资地区涵盖了关东、关西、爱知、福冈周边的大都市圈。**

43. 从横滨幸银信用组合贷款

在本书新版中介绍过的"横滨中央信用组合",2017年与"九州幸银信用组合"合并,诞生了"横滨幸银信用组合"。原本横滨中央信用组合在房地产融资方面就挺积极的,**合并后,在九州地区的影响力也变得更大,业务范围涵盖了设有分店的16个县**,实力变得更加强劲。合并后总店仍在横滨市。

横滨幸银信用组合的审查方式为积算评估法和收益还原法并行,贷款金额为房产价格的75%~80%,利率在2%左右,作为信用组合来说利率算是比较低的。由于贷款期限设定在法定耐用年数以内,因此老房子比较难贷款。工薪族房东(将房地产投资作为副业的人)不在其贷款对象范围之内,这点与政府方针背道而驰,如果是专职房东、自由职业者、个体工商户,我想是可以和相关负责人试着谈谈的。**该组合主要为那些需要积累实操经验的房东、想要购买新建房的人等提供贷款。**

横滨幸银信用组合在16个县内都有可以办理贷款业务的窗口,这一点很可靠。贷款申请人的所在地必须在有分店的县内,而且其要购买的房产也必须在有分店的县内,但是有些金融机构规定必须"在同一个市内",所以"在县内就可以"这样的规定是相对比较宽松的。

44. 从东京湾信用金库贷款

虽然东京湾信用金库名字里有"东京湾",但它位于千叶县。就像东京迪士尼乐园名字里有"东京",却位于千叶县浦安市一样……

东京湾信用金库最大的特点是,其贷款是一个叫作**セゾンファンデックス**的非银行机构做担保,我们将在第163页提到此机构。一般的信用金库是"信用保证协会做担保",虽然需要缴纳担保费,但是因为有**セゾンファンデックス作为保证人,所以贷款更容易**。东京湾信用金库对贷款人的年收入没有限制,超过法定耐用年数的老房子也可以贷款,期限不超过35年。虽然是浮动利率,数值会有起伏,但听说实际上很多贷款的利率都在3%左右,考虑到是含担保费的贷款,也算得上挺良心的了吧。

其贷款业务涵盖地区也挺有意思,除了**东京、千叶、埼玉,茨城县也有一部分地区可以办理**。虽然不是整个地区,但我所持有的房子所在地、没通电车的茨城县坂东市也在其业务涵盖范围内。

能从这个金库贷款是很有吸引力的:没有年收入的限制,老房子也能贷款。虽然利率会稍微高一点,但我觉得还是很良心的。

45. 从欧力士银行贷款

欧力士银行没有分行和自动取款机,以专注于投资用房地产贷款等领域的贷款项目和服务而闻名。

年收入条件这块,工薪族的年收入需达到500万日元以上。个体户没有年收入要求,但需要3期500万日元以上的收入证明。贷款期限方面,木造结构、轻钢结构房的贷款期限为40年减去房龄,如果加息,据说还可以延长贷款期限。加息也是加0.2%左右,所以即使房子很老了也可以延长贷款期限。

有趣的是,因为该行接受换银行贷款的行为,所以可以不受房子剩余耐用年数的限制,贷个35年也是有可能的。那些已经在其他银行贷了很多款的人,把剩余耐用年数较短的房子都集中在这里申请贷款,这种做法也是可行的。

但是必须要注意的是,**该行可以贷款的金额是年收入的10~20倍(其中会减去住宅、出租房、车的贷款)。**也就是说随着手头上房产的增加、房租收入的增加,慢慢的就没法从该行贷款了,因此该行只有在投资的最初阶段才能利用。我们必须有计划地利用它。

46. 从横滨银行贷款

横滨银行是日本最大的地方银行，以神奈川县和东京都町田市为基本盘，**在神奈川、东京、大阪、爱知、埼玉和群马都设有分行。**之所以在群马也设有分行，似乎是因为曾经在明治时代经由贸易港横滨出口过作为群马名产的丝织品，从而对群马有些惦念。

作为日本最大的地方银行，横滨银行的贷款利率最低为1.0%，确实非常低，但是据说年收入需要达到1000万日元以上。而神奈川县内的分行据说700万日元就够了。

贷款使用积算评估法和收益还原法这两种方法，贷款比例有的人说自有资金占50%，有的人说占10%，有的人说是全额贷款。贷款期限是不同结构房的法定耐用年数减去房龄，所以对老房子的审查很严格。另外，再建筑不可房也不行，容积率和建倍率超过法定数值的违法建筑也不能申请贷款。

该行的贷款虽然看起来挺难申请，但实际上这里的**特有贷款很抢手**，也有听说资质好的人想买房龄40年的钢结构房，该行主动给他推荐了30年的贷款项目，房子所在地在水户（日本茨城县首府）也能买。融资比例方面也是如此，感觉就是看个人资质放贷，不要仅仅因为其对外的贷款信息放弃该行，对自身资质有信心的话建议尝试一下。

47. 从香川银行和德岛大正银行贷款

香川银行是总部位于香川县高松市的第二地方银行。近年来在东京和大阪也开设了分行,致力于房地产融资,因为也向老房子提供融资,所以在投资者中的知名度急速上升。**贷款业务地区涵盖东京、神奈川、埼玉和千叶1都3县(港区、新宿区和江东区分行1小时可达范围内),以及四国4县、冈山、广岛和大阪府。**

融资对象仅限个人(非公司),且没有形成事业规模的个体户。其标准是"持有房产不到5栋,10室以内,或不到蓝色捐税申报表标准"。虽然号称"年收入不做要求",但也有传闻说实际上"基本需要500万日元以上"。贷款金额在1000万日元以上,所以也不适合一户建等小规模房产。**另一方面,贷款金额的上限是年收入的6倍左右,因此该行也算是应该在事业起步阶段利用的银行。**

贷款期限不超过35年,且计划还清贷款时年龄不得超过75岁(医生和士业者(司法书士、护士等多种"士"工作者)有望放宽到80岁以内)。木造结构和轻钢结构房的贷款期限均为60年减去房龄,因此超过法定耐用年数的房子也是有可能获得贷款的。再建筑不可的房屋和合租房不能予以贷款。基本上

第3章 即使资产性比较低,也能从银行获得贷款的秘诀

买一套房子需要自己出资的部分是2成首付加各项费用(中介费、登记费等税费),利率是浮动利率且较低,但会另外收取保证金。

一次性付款的话保证金的利率是1.95%,但如果加上还款金额进行分期付款,保证金的利率就会上升到5.7%。所以保证金还是先一次性付清比较好。顺便一提,有一家叫作"自助乌冬面分行"的网上银行,据说那里的定期存款利率是日本最高的。

如果你的年收入较高,而且处于融资覆盖地区,可以向德岛大正银行贷款。 德岛大正银行于2016年由德岛银行和大正银行合并而成,与香川银行同为"集团"旗下的第二地方银行,同样积极向房地产提供贷款。**两者的融资覆盖区也非常接近,德岛大正银行的融资覆盖区大约是从香川银行融资覆盖区中去掉冈山和广岛,再加上兵库这样一个范围。**

融资对象仅为5栋10室事业规模以下的个人,贷款期限也是60年减去房龄,超过法定耐用年数的房屋也完全有可能获得贷款,这一点也与香川银行相同。不同的是德岛大正银行的贷款上限不超过年收入的"10倍"(扣除现有欠款)。另外,自有资金大概占1成再加上自己负担各种费用,单看这些的话,感觉挺不错的,但是**年收入需要达到1000万日元以上**……尤其是以四国为基本盘的人,一定要注意这点。

48. 从千叶银行贷款

在地方银行中总资产排名第二的千叶银行，现在也作为积极应对房地产投资的银行受到了投资者的广泛关注。特别是"骏河银行事件"以后，**其对新建房的积极态度在众多金融机构中较为显眼。**

该行对房屋耐用年数的限制较为严格，别说是老房子了，就是二手房都几乎没有机会获得贷款。另一方面，如果是新建房，则以最低 1% 左右的低利率发放大额贷款。因为土地费也含在内一并放款，因此即便不是直接持有土地的地主（有土地所有权的人都称呼为地主），投资者也可以利用该行的贷款买入土地后，再在上面新建房屋。自有资金占 1 成，再加上各种费用，如果收益率能达到 7% 以上，全额贷款也是可以申请到的。

千叶银行对年收入的要求是达到 1000 万日元以上。最近还有传闻说涨到了 2000 万日元……和横滨银行一样，在千叶银行位于千叶县内的分行申请贷款会有一定优惠。另外，打包贷款的贷款额上限是 1 亿日元，但特有贷款的额度也很高，不管是 10 亿日元还是 20 亿日元都可以放款给个人。因为也有向木造老房子发放了 10 年贷款的案例，特有贷款存在向特殊个例提供贷款的可能性。贷款手续费比其他银行便宜也是其魅力所在。

该行的融资态度向来波动较大，有时候非常严苛，有时候又突然变得积极起来，所以期待其对年收入的限制和对老房子的融资态度也能有所改变吧。

49. 从东日本银行贷款

总部设在东京的东日本银行创立于水户市，在茨城县有很多分行。**融资地区涵盖了群马以外的关东地区。**

该行没有打包贷款，只有特有贷款，所以没有特别设定年收入要求，贷款额标准是自有资金占房子价格的2成再加上各种费用，也可以接受共同担保。虽然利率较低，最低为1.5%，但贷款期限基本都在法定耐用年数以内，因此对于老房子来说贷款比较困难。以前对老房子也曾一视同仁予以贷款，但2018年因为非法贷款被金融厅下达过业务整改命令，所以如今就更加爱惜羽毛。尤其是针对工薪阶层房东的贷款，感觉越来越严苛了。

贷款申请人的居住地必须和分行在同一个市内，在相邻的市町村是不行的，这给人一种界限模糊的感觉。话虽如此，对于专职房东和从业者来说，只要是新建房且符合所在地在业务覆盖范围内等条件，利率就较低，该行称得上是一个强力后盾。虽然感觉这是个看人下菜的银行，但是对于想要在茨城县继续发展房地产事业的人来说，算得上是个合拍的合作伙伴。

50. 从三井住友信托 L&F 贷款

三井住友信托 L&F（贷款和金融）是曾以"生活房贷"而出名的非银行机构。如果要考虑给市中心的老房子贷款，它与日本政策金融公库并驾齐驱，都是房地产投资起步阶段可选的贷款来源。

三井住友信托 L&F 最大的特点是，即使是普通银行不愿意予以贷款的房子，它们也会较为果敢地放款。房龄超过法定耐用年数的房子自不必说（也有房龄 60 年的房子拿到贷款的案例），**破房子、入住率为零的房子、再建筑不可的房子、超出建倍率和容积率的违章房屋、小型房屋(也就说可以少额贷款)、连栋式房屋（一个屋顶，用墙隔开，多个房间的大杂院类型）、附有借地权的房子等**，只要有一个切实可行的改造计划，就可以为这些房子提供贷款。其中似乎只有合租房不行（可能是因为"南瓜马车"事件的影响吧）。

三井住友信托 L&F 年收入没有要求，而且公库的贷款期限通常为 10 年，最长也不超过 20 年，但该机构**最长可以贷款 30 年**（新建房是 35 年）。

但是，因为三井住友信托 L&F 是非银行机构，所以利率较高，而且是浮动利率，需要做好将来利率上涨的心理准备，但

第3章 即使资产性比较低，也能从银行获得贷款的秘诀

是这 10 年左右没有听说 "利率涨了"。另外，原则上，需要提供父母家或自己家作为共同担保。共同担保对所在地也有要求，但似乎偏远地区也可以，评估下来，即使是几百万日元的一户建、贷款未还清的房子也可以申请贷款。如果没有共同担保，需要提供占购房额 2~3 成的自有资金。

三井住友信托 L&F 还有一个特点是，根据团体信用生命保险（团信）的有无，利率也会发生变动。团信是一种专门针对在偿还贷款的过程中，如果投保人发生意外，为避免投保人的家庭出现经济困难，而代为支付剩余贷款的保险。当然，如果有团信，利率要高 0.4%。实际情况是在没有团信的情况下以 3.9% 的利率贷款的占压倒性多数。另外，如果贷款金额超过 5000 万日元，利率还会更加优惠。

与银行不同，非银行机构除了利率高，利率谈判也较困难。所以与其和他们谈利率，不如先好好运营，后续再换个银行贷款。换银行贷款的罚息是提前还款额的 2%，也算不上是很大的负担。

现在，和日本政策金融公库一样，实战前先来模拟一下吧。

同样，自有资金定为 300 万日元，房屋价格 1600 万日元 + 各种费用 100 万日元，不足的 1400 万日元就假设贷款 30 年。利率按 3.9% 计算，每月还款额为 6.6 万日元。

公库的贷款期限为 10 年，满租时的现金流是每月 2.4618

万日元，而这次满租时的现金流是每月约 8.1 万日元。

如果把这些钱全部存起来，一年大约 100 万日元。如果努力做好本职工作，节俭度日，下一套房子的首付也会很快凑齐，因此后续买房的进度要快上不少。就这样在几年时间里不断买入房产，达到"年房租收入 1000 万日元"后，凭借现金流不断提前还款就行。

三井住友信托 L&F 的缺点是，其采用积算评估法，并且较为重视土地的实际价格，所以即使建在狭小土地上的房产收益很好，评估价较低，也有无法为之提供贷款的案例。另外，其融资业务区域也仅限 1 都 3 县。

尽管如此，三井住友信托 L&F 绝对是一家难得的金融机构，**"就算是很老很老的房子，又或者是入住率为零的房子基本上都可以贷款"**。虽然有所在地限制，但更多是要看有无共同担保，自有资金和个人资质如何，不要轻易放弃在这里贷款的机会。如果想要购买收益率高但老旧的房子，可以考虑该金融机构。

… 第 3 章　即使资产性比较低，也能从银行获得贷款的秘诀

51. 从セゾンファンデックス贷款

　　セゾンファンデックス是以信用卡业务为主的信贷集团旗下的非银行机构，该机构有设立"面向事业者的房地产担保贷款"，并且业务地区覆盖日本全国。利率可以选择浮动利率或固定利率，其中固定利率很高，浮动利率实际大多在3.65%以内。

　　贷款额似乎可以给到房子评估价（不一定等于房子购入价）的70%~80%。超过法定耐用年数也可以融资，听说该机构很重视房子所处地段，土地价值越高越有利于申请到贷款。相反，离车站较远的话评估价就不会很高。因为该机构接受共同担保，全额贷款也是有可能申请到的。

　　虽说"入住率为零也行"，但实际上以用一户建的老房子申请贷款的人为例，入住率为零的贷款申请不会予以通过，但似乎同样的房子有租客的话就会很顺利地申请到贷款。就算是老房子，该机构也会严格地审查其是否具备盈利能力。

　　解约罚息较高，一般为还贷余额的3%以内，但由于提前还款不收取手续费，所以我认为切实减少一定剩余债务后再换银行贷款是个不错的选择。

52. 不管怎么说，现金为王

虽然前面介绍过各种不同类型的金融机构，但说实话，**最好手头上能留有大笔现金。** 在整体收益率下降的情况下，高收益率房产显得尤为珍贵，因此围绕着优质房源的竞争会变得越来越激烈。要想在众多竞争对手中取胜，那么持有的现金越多越有优势。

而且如果是贷款买房，肯定是无法理直气壮地砍价的。站在卖方的角度，"贷款能申请下来吗？这个人真的会买吗？"，对方很有可能会这么想。所以卖家也不会轻易让你砍价。

例如，售价2500万日元的房产，出现了一个买家，他说："努努力能贷到2200万日元。"如果这时出现另外一个买家表示"可以全部用现金支付，希望以2000万日元的价格卖给我"，卖家恐怕会选择能付2000万日元现金的人吧。

贷款能不能申请下来是不确定的，但账户里的现金是实实在在的。先等贷款结果，贷款不成功的话再换成能现金支付的买家，但如果等了两三个星期对方最后还是没能成功贷款，在这期间可以现金支付的买家又看上了其他房子，那就太糟糕了。现金流越充裕的人，在谈判场合的话语权就越大。

另外，即使要申请贷款，自有资金只有房产价格的一成或一半,在贷款的难易程度上是完全不同的。不管你会不会拿自有资金去付房子的首付,自有资金越多,你给人的安全感就越大,金融机构就会觉得"贷款给这个人没什么问题"。

但是,没什么钱的人就如同"巧妇难为无米之炊",应该在拼命存钱的同时,关注房源信息,也要为了贷款时刻关注金融机构的信息。正如前文多次强调过的那样,银行的贷款标准会随着经济和社会形势的变化而变化。

另外,极端点说,1000万日元以下的金额还可以使用信用卡贷款。虽然利率是百分之十几,不过,把破旧的一户建等房子用低廉的价格全面装修改造后租出去,如果包含装修改造费用在内,房子的收益率能超过30%,这么做还是有赚头的。实际上我认识的人里就有这样做的,对于无论如何都想要的房子,他就会用信用卡贷款筹钱,然后好好运营一番赚取收益。

如果你能够分辨风险,根据不同情况制订出相应的计划,并且关键时刻也能当机立断做出决定,那么你也一定可以熟练地用好这些撒手锏。光是嘴上抱怨"贷款不容易"是不会有任何作用的,更为重要的是不断磨炼自己作为经营者的眼光和能力。

53."贷到款，买到房"还并不是终点

正如前面所说的那样，由于金融机构看不上偏僻地区的房子和市中心的老房子，所以要获取第一栋楼的贷款是相当费力的。如果之前没有进行过实际交易，要想与金融机构的相关负责人建立起信赖关系也是很困难的，并且什么样的事业计划书才能让人信服，要掌握其中的诀窍，在一定程度上也需要多写几次去积累经验。如果要将自己的房子或者老家的房子作为共同担保，就必须说服家人，以上这些做起来都不简单。

但是，**如果能将第一栋房屋好好装修改造一番，使其成为能够产生收益的房屋，并且一边稳定还贷一边积攒现金，那么后续就能毫不费力地获得第二栋、第三栋的贷款。**

这是因为融资方会评估你在第一栋楼做出的成绩。如果房子收益率高，银行对你的评价也会很好。如果你把一个入住率接近零的房子做到高入住率、高收益，对方就会觉得"放贷给这个人没什么问题"。

我认识一位女房东，她是一边做家庭主妇一边开始房地产投资。女性的身份再加上非全职投资，刚开始的时候金融机构完全不待见她。没办法，她只好用以前上班时存起来的一点现金买了一套便宜的单间公寓，从此开始了与金融机构的交易往来。

首先她贷款 50 万日元或 100 万日元以下用于装修改造，留下在金融机构成功贷款的记录。即使手头有足够的现金，她也会特意支付贷款利息，然后稳稳还贷。这样切实与金融机构达成交易后，其个人信用度也会上涨，有利于后续贷款。因为有房租收益入账，所以不会有什么负担。

听说她在那之后终于成功申请到了购买房产的贷款，到了现在，即使是破房、旧房、空置房等也可以从金融机构那里申请到巨额贷款。她用 10 年达成了 20 户入住的目标，现在的月收入在 70 万日元以上。

第一栋房要好好经营，接着迈出下一步。

俗话说"欲速则不达"，刚开始就想一步登天，很容易会因目标设定得太高而受挫。即使是年收入较低，又没有什么资产，金融机构不怎么待见的人，绞尽脑汁想想办法，还是会有属于自己的路子的。获得"信用"是最重要的，为此需要"状况分析"和"战术布置"。

即使是资金不够充裕，无法在短时间内连续购买房产的人，如果能够把买到的房产经营得接近满室，剩余贷款额就会减少，渐渐就具备担保力了。首付也会慢慢积攒起来，并且随着实操成绩的积累，可以用来申请贷款的方法也会越来越多。

将买到的房产好好经营，切实产生收益后，与金融机构的渠道也就建立起来了。金融机构的负责人每 2 年或 3 年就会更换，但是房东稳定还款建立起的"信用"不会消失（但是负责人的更换，以及银行政策的转变，也会导致融资情况突然发生变化）。

总而言之，拼尽全力经营好第一栋楼直至满租是很重要的。**一开始花点力气努力一番，渐渐就有了提升入住率的信心，自身的经验值也会随之增长。**拿我自己的经历来说，把房子装修改造一番提高入住率，在还贷的同时慢慢攒钱，还交了很多的税……可以肯定的是，这些经历确实帮助我建立起了信心。

房地产投资是一项"事业"，不是买了房就结束了，重要的是如何让它产生收益。不断积累实操经验建立起自信，经验值也会随之增长，进而获得周围人的"信任"，最终转化为推动事业发展的力量。

第4章

购买价格自己定——砍价方法

54. 聪明的经营者不以售价买入

假设你在网上找到合适房源,实地看房后又经过一番调查,终于觉得"这套房可以买"了。这个时候,如果直接以售价买下来,很遗憾,你可能缺少一点作为经营者应有的感觉。

房产是没有"定价"一说的。特别是二手房,因为卖家和买家在交易中会互相试探对方的底线,所以售价说到底只是卖家希望"能售出的价格"。

当然,卖家定的售价是确保其能有一定收益的价格。卖家心里肯定是想售出的价格越高越好。但是买家完全没有必要去配合。就像卖家不想吃亏那样,买家也是为了提高收益率,因此越便宜买入越好。

例如,售价1600万日元的房子,满租时一年房租收入可以达到208万日元,其表面收益率为13%。如果能成功将售价砍下100万日元,收益率将升至13.86%。如果能将售价砍下300万日元,收益率会上涨至16%。如果能砍下500万日元,收益率甚至会上涨至18.9%。

在房租和入住率相同的情况下,买入价越低,实际收益率就越高(至少要确保8%的实际收益率)。能砍多少价,会对你的房地产经营带来很大影响。

第4章 购买价格自己定——砍价方法

卖家很多时候会因为继承、还债等"不得不把房子卖了"。或者即使只是单纯想要卖房获取收益,也会因为需要平衡税金(决算等),而必须在一定期限内卖房。但是,我们买家是没有必要完全执着于某套房源的,待售的房源会不断地出现在市场上,所以在这点上,我们买家所处的立场比卖家更有优势。

坚持不懈地和卖家慢慢砍价,砍到能接受的价格再买入就行了,如果不能确保必要的收益率,就干净利落地罢手。

所以"不能爱上某套房子"啊。**因为如果爱上了某套房子,没有怎么砍价就买了,收益率会很低,后续经营起来会很辛苦。**

后续将具体介绍砍价技巧。砍价交涉,正是租赁经营初级阶段的一个高潮。虽然会耗费相当大的精力,但是如何在砍价中取胜将左右后续经营,所以要沉下心来应对。

55. 在砍价时不要动摇

在砍价时，切记"不要动摇"。**最忌讳的是自己还没想好以什么价格买入就去跟卖家砍价。**

比如有一套房子，年房租大概 200 万日元，售价是 1800 万日元。按售价直接买入时的表面收益率是 11.1%。再加上是贷款购入，这么一来，想要保住最低 8% 的实际收益率是很困难的。

一般来说，买方会怀着"能便宜多少钱呢，如果 1500 万日元左右能买到就好了"的想法和卖方砍价。如果砍到 1500 万日元，表面收益率将达到 13.3%，实际收益率大概是表面收益率往下调 4~5 个百分点，这样看来实际收益率 8% 的底线似乎可以守住。

这种砍价交涉其实就是在互相试探对方想法的同时，争取将自身利益最大化。一般来说，如果想"1500 万日元买"的话，就说"1400 万日元卖不卖？"报个更低的价格。这样一来，卖家会先驳回买家的报价"不，必须 1600 万日元以上……"，双方互相拉扯一番，最终"那我们各退一步，1500 万日元"，算是达成了双方都比较满意的结果。

但是作为卖家肯定也是不愿意低价出售的，所以对方有时也会回答"1700万日元是我的底线了，再低就不卖了"。这种情况下，最重要的就是"不要动摇"。1700万日元买入的话，表面收益率是11.8%，关键就在于你怎么看待这个收益率了。

上述表面收益率与8%的最低实际收益率相差3.8%。即使能申请到低利率贷款，将表面收益率和实际收益率的差值控制在4%，也不足以达到8%的最低实际收益率。如果贷款利率较高，这种价格就更不能接受了。假设表面收益率与实际收益率之差为4.5%，则每年房租收入200万日元，能确保表面收益率有12.5%的房子价格为1600万日元，那么1600万日元就是最低防线了。因此再一次与卖家交涉"1550万日元可以吗"，最终必须将价格压到1600万日元以下。

或许不需要考虑得多严谨，**但如果不在自己心中好好定好价格底线，很有可能会抱着"就这样吧"的无所谓心态在价格上一步步妥协。**1500万日元和1700万日元，两者相差200万日元，要赚回这个差额，需要花费大量时间和精力，并且还会产生相应的利息差额，请务必认清这一点。

提高收益率最切实有效的方法就是"低价买进"，所以一定要想方设法保证收益率。

56. 计算买入预算时需要注意的点

在计算购买房子的预算时必须要慎重。如果抱有"表面收益率有 13% 就行"这种漫不经心的想法，买入房子以后很可能会后悔。

一开始就要计算购买房子时要花的各项费用（登记费、中介费等）。其中**费用较高的是火灾保险和地震保险**，如果要加入民间的损害保险，参保 10 年（地震保险最长 5 年）比较划算，根据房子规模的不同，需支出 60 万～70 万日元。但是也有以 1 年为单位的便宜共济保险，关于这些保险的详细内容将在 186 页进行说明。

在价值 1000 万～2000 万日元级别的房源中，满租待售的情况应该不多见。需要通过装修改造提高房子和居室的魅力来吸引入住者，所以别忘了算上相应的费用。**尤其是老房子，有时需要花费数百万日元进行大规模改造。**即使是看上去比较干净整洁的房间，也需要为其配备具有温水清洗功能的坐便器等设备。

至此，对装修改造费用也算是有了一个大概的了解。但是本以为 200 万日元就够了，实际却花了 400 万日元，这样的情况也经常发生。可以问问陪同你实地看房的中介"这套房需要花多少钱进行装修改造？"，或者最好自己找装修从业者进行实地考察，拿到报价。如果担心白蚁问题，也要请相关人员检查一番。这样一来，如果后续买下该房产，对这些支出部分也能做到心里有数。如果只是报价和检查，有些地方是免费的。

再说得具体些，买房后还需要给租赁管理公司支付管理费、共用部分的水电费、固定资产税和都市计划税等。**管理费的行情是房租收入的 5% 左右**，水电费和税费可以通过中介向卖方确认。另外，租客退房时还需要修缮房屋，为了应对这样的装修改造和将来的大规模修缮，每个月最好**将房租的 5% 左右存入房屋维修基金**。最后还要减去还款额，才能知道较准确的现金流。

实际收益率比表面收益率低 4%~5% 只是一个大概标准，只有仔细计算以上列举的各项费用，才能得出该房子的具体数据。或许实际收益率能做到只比表面收益率低 3%，但也有可能低 6%。慎重考虑该房子的实际收益率是否适合自身的事业规划，未来是否会出现利率上升风险、空置风险、房租下跌风险等，衡量各因素后再决定要不要买入。

57. 砍价技巧

计算出买房预算之后，接下来就是砍价环节了。

买房时，首先要交"购买意向书"。首次砍价一般都是在这个时候进行。如果双方达成一致后，就进入付"头款"签订买卖合同的环节，同时买方从金融机构获得贷款（金钱消费借贷合同，即"金消"的签订），然后就是结算环节。因此要在签订买卖合同之前把握好砍价的时机。

让对方同意砍价的常见方法就是把这套房子的缺点全部找出来，并且让对方也承认，但这种做法得循序渐进。首先从离车站远、光照差等房东无力改变的地方开始进攻。"房子离车站很远，这样的地段这个价钱有点高了……"，这些还只是最表层的缺点。

然后观察房子外观，从房子整体入手。比如说，"房子整体外观太脏了，不喷漆的话就招不到房客""屋顶受损蛮严重的，我有点不安"等。卖家卖房的时候，除继承等情况以外，比如在外墙和屋顶需要进行大规模修缮的情况下，很多房东会因为要花钱、嫌麻烦，干脆什么也不做就把房子挂出来卖了。如果有人指出这些问题，卖家就不得不在价格上做出一些让步。

接着继续在一些细微的地方找理由，比如"设备旧了必须

第4章 购买价格自己定——砍价方法

要换掉""厕所是日式的，必须改成西式的"等，把能想到的缺点都指出来。不过别表现出一副高高在上的样子挑刺，我作为房东也经历过这种买家，很难不让人生气，会让卖家产生那种"卖给谁都不会卖给你"的想法，所以砍价也要带点诚心，一定要保持"谢谢您愿意和我洽谈"的谦和姿态与卖家交涉。

第三方的意见能起到很大作用。如果能向卖家展示装修业者估算的具体费用，对方也不得不接受。如果金融机构的评估表示"只能给出这个价"，卖家就会觉得"只能得到这种程度的评估价吗……"，态度自然也无法强硬起来了。

砍价真的很花精力，因为需要迫使卖家让步，虽然自己会获益，但也不是什么令人感到愉快的事。不过万幸的是，实际上也不需要和卖家面对面交涉。**一般是由中介买卖的从业者（即房地产公司）介入，所以一边保持"谢谢您愿意和我洽谈"的谦和态度，一边直截了当地提出自己的主张就可以了。**

58. 知己知彼才能取得价格谈判胜利

无论是猜拳、打牌，还是打麻将，知道对方的底牌绝对是有利于己方的。

在砍价交涉中也是如此。卖方应该是有某种"必须卖房的情况"，如果知道了其中是什么情况，就能够帮助买方占据有利地位。

例如，原房主去世，遗属决定将出租房兑现来缴纳遗产税。这种情况下，原则上是用现金缴纳遗产税，期限是死后 11 个月内。如果期限快到了，房子还是卖不出去，那卖方就只能不断降价直到有买家愿意接盘。

并且，**只要知晓了卖方心中设定的"底线价位"，接下来就是见招拆招，基本已经胜券在握了。**

再比如，如果是身负债务，需要出售房产抵债的卖方（个人），就必须解除该房产的贷款抵押权。假设剩余未还清的债务金额和房子的账面价值是 800 万日元，如果买方能事先知道这些情况，可以在此金额上加上卖方向中介业者支付的"中介手续费 3%+6 万日元"（消费税另算）和让渡所得税（出售房产的人缴纳的税金，持有 5 年以上的房产为 20%，不满 5 年的为 39%），再往上加一些价，让卖方也能够稍微赚点，设定这样一个买价就可以了。即使土地的实际价格是1400万日元，如果卖家找不到买家或者急于出售，以1200万日元的价格出售也是有可能的。

如果以1200万日元出售，中介手续费约46万日元，让渡所得税约71万日元（持有5年以上），合计117万日元左右。再加上800万日元的剩余债务，减去这些支出以后，卖家持有的现金还剩下283万日元左右。这样算下来，卖家应该也能接受。**像这样只要事先知晓了卖家的一些信息，我们就能将价格谈判的主导权掌握在自己手里。**

售价1200万日元，剩余债务800万日元时的利润试算

售价1200万日元
剩余债务＆账面价值800万日元

[中介手续费]

（1200万日元×3%+6万日元）×1.1=46万日元

[让渡所得税]

（1200万日元 － 46万日元 － 800万日元） × 20% =71万日元
　　售价　　　中介手续费　剩余债务＆账面价值　持有5年以上让渡所得税税率

[利润试算]

1200万日元 － 71万日元 － 46万日元 － 800万日元 ＝ 283万日元
　售价　　　让渡所得税　　中介手续费　　剩余债务＆账面价值

剩余金额283万日元

※ 省略抵押权注销登记费用、印花税等

另外，在那些入住率低的破旧房产中，存在一些房东一开始想要把房子推倒重建，后面又觉得麻烦，继而把房子拿出来卖的情况。这种情况下，卖方并不缺钱，也可以按原定计划把房子推倒重建，如果买方过于强硬地砍价，就有可能适得其反。

如果卖家是自尊心很强的人，定价1800万日元的房子，会觉得"卖1600万日元也行吧"，但是买方要是突然砍价到"1200万日元"，很可能会激怒卖家。这样的话，即使买方后面说"也可以以1600万日元的价格买"，交易也很难进行下去了。

为了避免出现这样的状况，需要好好收集关于卖家卖房的理由和卖方的性格等信息，这是非常重要的。

这些信息的来源就是从事房屋中介买卖的房地产中介。"卖家似乎是因为爷爷去世了，所以要把房子卖掉""如果要还价，这个价位附近的话，卖家还是会愿意点头让步的"，这样的信息可以在线下看房的时候多向中介打听，对方可能会愿意透露一些给你。不过在中介看来，房价下降，也意味着中介手续费减少。虽说如果买卖本身不成立的话中介也拿不到钱，但从保密义务、个人信息保护的角度来看，中介也不会把卖家的相关信息和盘托出。

关于从中介那儿打听到上述信息的技巧，目前业界有这样一种方法：向中介支付由于房子降价后减少的手续费差额 $+\alpha$，也算是一种灰色收入。如果房屋降价200万日元，手续费会下降 6 万多日元，但如果买家补给中介 10 万日元，中介也会愿意与买家合作，这对买家来说也是能从中获益的大好事。也听说过将这笔费用作为"咨询费"的做法，但实际上由于《宅建业法》的规定，这种做法是行不通的。但是，如果将其作为"根据委托人的委托进行的远程调查的费用"是可行的，也并非只有个名头，实际上大家都是这样操作的。

从严格意义上讲，砍价并不是谁输谁赢的问题，**双方能够双赢的交易才是最理想的。**话虽如此，对买家来说，"哪怕是只是便宜 1 日元也好呀"，这也是人之常情，对于将其作为事业的房地产经营者来说更是如此。因此信息是必不可少的武器，要注意和中介建立良好的关系。

59. 装修或翻新房子的预算要提前做好

在下定决心购买该房之前，肯定会多次去实地看房子，如果是看起来很有潜力的房源，可以和装修改造业者一起去看一次，然后拿到报价。

当前需要装修改造的费用自不必说，除此之外，进行大规模修缮还需要多少钱，都可以趁这个机会问问。外墙和屋顶、外楼梯、公共走廊、阳台等的防水能力，包括上、下水道管道在内的供给排水设施，化粪池的气泵，配电盘相关设备，消防设施，燃气热水器等的损耗情况，如果能拿到以上这些设施设备的修理费报价，也就相当于**对将来会发生的一些风险有了一个大体的把握**。不过也有些从业人员会故意煽动委托人的不安情绪来从中获益，所以我觉得可以先将他们的评估报价作为参考，做到心中有数。

通过专业人士的看法，可以加深对房屋的了解，其报价也可以成为砍价时说服卖家的谈判材料。**在事业计划书中添加长期修缮计划书，也可以向金融机构展示你在房地产事业上的敏锐嗅觉。**如果只是报个价，有些地方是免费的，并且也能增长自己在这方面的知识和经验，因此就算要支付一些报价手续费也不用觉得是一种浪费，强烈建议大家这么去做。

60. 买房时需要支付的各项费用

下面为大家介绍买房时需要支付的各项费用，根据内容可以分为以下 7 类。

①中介手续费。

这项费用依据房产交易价格变动，由法律决定。要想知道房地产买卖中的中介手续费，可以利用以下的简易计算公式较为快捷地计算出金额。

如果房产买入价超过 400 万日元，适用"交易价格的 3%+6 万日元"的简易计算公式。比如买入价为 1500 万日元，手续费就是 51 万日元（消费税另算）。

但是，如果是个人之间的交易，或者是房地产中介出售自己公司名下的房产，是不用支付中介手续费的。

中介手续费的简易计算公式 ※ 手续费另加消费税

200 万日元以下的部分	200 万日元以上 400 万日元以下的部分	400 万日元以上的部分
不动产价格的 5%	不动产价格的 4%+2 万日元	不动产价格的 3%+6 万日元

例：房产买入价格为 1500 万日元的中介手续费

1500 万日元 × 3%+6 万日元 =51 万日元

② **房产登记税。**

这是办理不动产所有权转移登记时缴纳的税款。此处省去烦琐的计算方法，价值 1500 万日元的房产，房产登记税为 10 万～20 万日元。

③ **不动产购置税。**

这是买房产时一定要交的税。也同样省去烦琐的计算方法，价值 1500 万日元的房产，不动产购置税为十几万日元。

④ **印花税。**

印花税是贴在买卖合同上的印花税票的价款。如果是 1000 万日元以上 5000 万日元以下的房产，目前处于印花税的减免适用期，费用为 1 万日元（不适用的话，费用为 2 万日元）。

⑤ **贷款手续费。**

贷款购买房产时，需要向银行支付办公手续费、担保费等各种名目的手续费，总体在十几万日元。

⑥ **司法书士报酬。**

转移登记和贷款抵押权的设定登记，需要委托司法书士来做。用现金买房的话也可以自己办理，或者找个便宜点的司法书士来做，可以省点钱。但是如果是贷款买房，一般都是委托银行方面指定的司法书士办理，行情大概是 6 万～8 万日元。

⑦ 固定资产税和都市计划税的结算。

每年1月1日由房东（卖方）支付当年的税费。因此，如果是在年中进行房产交易，要按日结算上述税费。根据该房产的税额和在几月份交易的来决定支付额。在与卖方交涉的时候，如果买方表示"能否免除固都税（固定资产税及都市计划税合并的叫法）？"卖方也会觉得该税费按日结算操作起来很麻烦，说不定会同意。

以上各项费用加起来一般是房产买入价的6%~7%。登记许可证税和不动产购置税是将固定资产税课税标准额乘以一定数值计算出来的，应根据具体情况具体分析。房子不同，税费也不同，所以最好向中介请教固定资产税课税标准额，以便提前有个准确把握。

61. 购得房产的同时务必办理保险

买房的同时，一定要把保险也一并办了。很多租住在出租房里的人，在签订租房合同时被要求一并办理火灾保险（租客赔偿责任保险），房东则有房东应该办理的保险。

租客的保险包括对自己财物的赔偿，以及对房东的损失和其他租客的财物等的赔偿。例如，浴室水龙头没关好，导致楼下的房间被水淹了，又或者租住的房间因发生火灾而损毁，这些损失都会得到赔偿。但如果是别人故意纵火，租客的保险就只适用于租客受伤和其财物损失的情况，房屋修复费用由房东承担。

房东购买的保险是给房屋本身投保的。 台风造成屋顶损坏漏雨，地震造成墙壁开裂等非租客原因造成的事故和灾害时有发生，所以办理该保险可以较好地应对这些问题带来的房屋损坏。如果是贷款买房，在贷款期间一定会被要求办理该保险（万一房屋损毁严重，贷款人的房地产事业无法继续下去，金融机构就没法回收款项），但如果是现金买房或者还清贷款后，即使没有债务，也一定要买这个保险。

①赔付额较高、种类繁多的火灾保险（损害保险）。

下面来说说房东可以办理的保险。其大致分为损害保险公司的"火灾保险"和非营利团体（都道府县或各种组合等）的"**火灾共济**"两种。

火灾保险赔付额较高，根据事故/费用的不同以及特约内容，有着各种各样的类别，建议房地产经营已步入正轨的房东办理。地区（台风较多，地震发生概率较高等）和房屋主体结构（木造、RC等）不同，保险费也不同，RC因为较为牢固所以较为便宜，木造则较贵。另外，根据房龄以及长期投保一次性付款，会有一些折扣，最多可一次性缴纳10年（地震保险最多可缴纳5年）。长期投保一次性缴清较为划算是因为保险费每年都在上涨，所以如果预算较为充足，我建议长期投保并一次性缴清保险费。

虽然名为"火灾保险"，**但除了火灾，还涵盖了雷击、破坏、爆炸、风灾、雹灾、雪灾等**。还可以选择事故"类型"，其中"**地震保险**"对因地震造成的损失给予"最多50%保险金"的赔偿。保险费较高，但必须要办理。另外，"**破损、污损等**"是指某人不小心破坏了墙壁、窗玻璃等对房屋造成破坏时进行赔偿的保险。因为费用相对便宜，所以建议办理。

比较让人纠结的是"水灾"保险要不要办理。因台风等引起的大雨造成的房屋损坏，属于"风灾"保险的范畴。所谓水灾保险是指对洪水、地板渗水、山体滑坡等"自下而上的水带来的损失"进行赔偿的保险。办理该保险的话，整个保险费用大概要涨到原来的1.5倍，如果不办理的话就会便宜很多，但是万一碰到以上情况，造成的损失也大得会让人忍不住哭出来。所以必须要仔细查看有水灾危险的区域图，好好研究房屋所在地的地形，评估是否会出现山体滑坡和泥石流等灾害。

②收费便宜，赔付额较低的火灾共济。

"火灾共济"虽然赔付额比火灾保险低，可供选择的种类也少，但收费便宜，建议刚开始投资不久的小资房东加入。我自己也是在起步阶段加入了火灾共济。我认为可以以1年为单位加入，如果是1600万日元左右的房产，花费3万日元左右就可以加入。**"都道府县民火灾共济""全劳济（国民共济coop）""CO-OP共济""JA共济"等都很有名**，加入条件是成为该组合成员（如果有非成员利用制度则不需要），投保金额为1000日元左右，因此不算是多大的负担。

对于地震的赔付标准根据运营团体的不同也各不相同，有的地方通过选择添加地震特约最高可以赔付损失的20%，有的地方是"共济金的5%"，还有一些地方"虽然没有地震共济金，但是可以拿出100万日元作为慰问金"。尽量选择赔付额较高的地方。

火灾共济涵盖了类似于火灾保险的基本灾害，但缺点是赔付条件苛刻。除非是真的着火了，或者房屋存在肉眼可见的较大损毁，其余情况基本不赔付。毕竟这是最低限度的保障，所以如果是对某些方面有所担心的人，即使会稍微超出自己的预算，还是咬咬牙购买火灾保险更有保障。

特别是那些老房子，不知道有什么隐蔽的缺陷，所以一定要购买火灾保险中的特约保险或者地震保险。我的一位朋友，在东京都内买了一套房龄40年以上的破旧老房子，在购房时花了约60万日元一并购买了火灾保险（10年）和地震保险（5年），他说："多亏买了保险，赔付的钱够我搞比保险费贵好几倍的装修改造了。"比如大台风来了之后发生了漏雨，因为是台风灾害，所以就拿到了赔付款。最后需要强调的是，在日本，"保险就是买个安心，付了保险费就丢一边了"，抱有这种想法的人很多，所以即使真的发生了什么问题，很多人也不会去申请赔付。在东京都内购买了破旧老房子的那个朋友，在我提醒他之前也完全没有想到可以申请赔付，一开始还打算自费修整。如果房子出现问题，就会直接影响收益，所以一定要购买保险或者加入共济，如果有什么问题，即使最后可能拿不到赔付款，也要马上申请赔付试试。

62. 建议添加在保险上的特约事项

火灾保险有很多类别和特约，可以选择性地购买或者放弃其中一些，也可以根据自己房子的需要进行规划。下面给大家介绍一些建议购买的保险以及挺有意思的最新特约。

首先给大家介绍的是"**地震火灾费用保险金**"。该保险可以赔付地震引起的火灾（火灾保险不赔付地震引起的火灾损失）。因此其和地震保险是两码事。这个保险建议购买。另外，"**临时费用保险金**"是与损害保险金分开赔付的保险。可以充当由于事故不能住在原房间里时的在外住宿费，把行李转移到某个地方时用到的行李箱的费用，搬家费等。这项保险也不是很贵，可以购买。另外在特约中，**强烈建议添加"设施赔偿责任""房租收入""事故应对等房东费用"这三项。**

设施赔偿责任特约是对房东因设施不完善造成损失的"赔偿责任"进行赔付。例如地板脱落导致人员受伤，楼梯栏杆损坏导致人员受伤，天花板掉落损坏了入住者的家具等情况。房租收入特约是对因火灾导致空关的情况，进行一段时间的房租补偿。

其中挺有意思的是"**事故应对等房东特约**"。根据保险公司的不同，也有以"**孤独死保险**"为名，可以单独投保的类型。

这些保险都是在死亡事故（孤独死、自杀、他杀等）发生时对房间空关、租金减少（赔付期因公司而异）、原状恢复费用进行补偿，因此还会承担听说要1000万日元的"特殊清扫费用"。即使是孤独死保险，对意外死亡和他杀死亡也会给予赔付，赔付范围较广，很可靠。

我也遇到过几次孤独死案例，因为遗体发现得较晚，需要全面装修改造一番，非常麻烦。死者家属也处于精神衰弱的状态，很难马上开口要求他们"支付特殊清扫和原状恢复费用"。不过有了保险就没有这些麻烦事了，很不错。

这个特约是比较新的，与我交好的保险公司也强烈建议"添加该特约"。以前有些保险公司会单独将此特约作为保险出售，如果是**作为特约添加在保险上的话，一个房间每月支付几百日元就足够了**，价格上还是很令人欣喜的。在老龄化程度不断加深的社会中，如果房东表示"我的房子谢绝老年人入住"，生意就很难做下去了。租房里孤独死的案例也会越来越多，所以我强烈建议添加该特约。

⚠️ 免费修理？小心保险理赔代理业者

也许是由于近10年来包括地震在内的自然灾害的增加，保险公司的运营变得更为艰难，导致对事故的审查也变得更为严格，保险金的赔付也不容易申请下来了。

在如今这样的大环境中，根据日本损害保险协会的调查，围绕着"保险金理赔代理业者"的纠纷在不断增加。这类从业者介入房东（也有自住宅的案例）和保险公司之间，声称"如果交给我们来办，我们会用保险赔付的钱来修理房屋"，或是用自己做的报价单去申请保险理赔，或是收取报价单制作费用，以此获利。

如果是没有经验的房东，由于不太清楚保险金赔付能申请多少，到底符不符合理赔条件，会感到不安。因为买的是火灾保险，所以很多人认为如果没有着火的话赔付款是不会申请下来的。所谓的保险金理赔代理业者就是瞄准了这点，不过听说这些业者要求的报酬有的是比原来的修理费高好几成的工程价款，也有的要求支付报价单费用的三成。即使最后保险金赔付没有下来，需要由房东自己承担高昂的修理费，也会被要求支付高昂的解约手续费，这样的纠纷越来越多。保险公司也十分重视这些问题，最近对于这样的特定业者（也可以从其提供的报价单和工程承包合同书中发现端倪）的赔付申请，会由保险公司重新评估费用，并且对其进行更为严格的审查。

本来不管谁申请，只要是在保险的适用范围内，保险金赔付就会顺利申请下来。在房屋损坏现场拍几张照片，再按照时间顺序简单描述下情况，分条写也可以，只要把这些写清楚就可以了。

与其委托一个可疑的业者，然后不断怀疑对方能否成事，不如自己来做。任何事情都讲究经验。保险代理店、租赁管理公司、装修改造业者都会愿意给你提供帮助，别一个人恐惧纠结，先找他们商量一下吧。

第5章

房屋管理请交给专业人士——如何选择好的租赁管理公司

63. 房屋管理请交给专业人士

运营房产，意味着要"管理"好房子。

管理不仅仅是指管理房子，还包括管理入住者。从招租开始，带有意向的潜在租客看房，再到签订租赁合同，每月收取房租，要是房租交晚了需要催促房客，还要处理空调坏了等房客们的投诉，房客退房时也需要到场结算押金，或者办理各种续租手续等。

这些租赁管理业务，如果是一整栋多户出租房，房东自己还需要上班，那想要兼顾是相当困难的。当然房东群体中也有自己做租赁管理的人，但我并不建议亲自去做这些事。

因为每月末调查所有房客有没有交房租，然后给那些还没交房租的人打电话，这并不是一项令人感到愉快的工作。如果房客联系房东说"公共走廊的电灯不亮了"，房东也不一定能马上去换。如果是几户单间公寓房或者一户建，房东自主管理也是不错的，但如果以"1000万日元的年房租收入，数千万日元的实物资产"这类大规模房产为目标，租赁管理应该交给以此为生精于此道的房地产公司来做。

原本按照我的方法，是建议在小地方郊外或者市中心买一栋老出租房。因为如果投资其他房产，收益率不会很高，也就无法做到有限资源下的效益最大化。

但如果是房东自主管理，那么出租房中租客户数的多少会带来不小影响。一户建也许管理起来没什么问题，但是如果住着多户人家，就会出现"那户人家夜里太吵了""那个人不遵守倒垃圾的规则"等问题。而在自主管理中，房东必须亲自面对这些问题。

而且，如果房东住在东京，却在偏远地带买了房子，一旦发生什么事，房东是无法及时处理的。即使是只住着几户人家的小房子，为了更换一个灯泡而特意花时间开车过去也是很辛苦的，就算雇人去干，就这么点工作量让人家特意去一次也不划算。

管理费的行情是月租金的 5% 左右，如果能把本节开头提到的业务全部包揽下来，我觉得还算是挺便宜的了。要是房东自主管理，我觉得很浪费时间和精力。应该把有限的时间有效地利用起来，把精力集中在本职工作上从而增加收入不是更有效率吗？

64. 租赁管理公司最好选本地的

租赁管理公司的选择需要在购房时与房子的调查、砍价交涉、与金融机构的融资交涉等同时推进,并在房子到手前做出决定。

一般情况下,是由房子交易时负责中介工作的原房地产公司(多为前房东时期的租赁管理公司)直接接手,这种案例很多,但我不太建议这样做。之所以这么说,是因为前房东不得不放弃该房子,其租赁管理公司可能负有一部分责任。如果出售时房屋大面积空关,那么对于原租赁管理公司的招租能力也要打上一个问号。

这点在实地看房时询问周边的房地产公司,然后调查一下入住率是否与房屋所在地、房屋设备、房租设定相匹配。如果该租赁管理公司没有什么问题,可以继续让它们管理。

不过,也有不少房东以"因为是熟人或者是有打过交道的人"为由,将房屋管理交给了距房屋所在地较远的房地产公司,我认为**房屋的租赁管理还是交给当地的房地产公司比较好**。

为什么交给当地的房地产公司更好呢,要想知道这个问题的答案,就需要先了解一下租赁管理公司在招租成功后可以获得哪些报酬。租客签订租房合同后,租赁管理公司会获得"中介手续费"（相当于一个月房租）和"AD（广告费）"这两项报酬。所谓AD，总而言之就是"答谢管理公司在招租方面的付出"，虽然不是一定要给，但在东京等很多地方，广告费相当于1个月的房租，也有些地方是两三个月的房租。

如果是自己公司管理下的房产，就可以独占中介手续费和AD这两项报酬。但是，如果想租房的客户是其他公司的人带来的，中介手续费就由那家公司收取，AD仍由租赁管理公司收取，这样的案例很多（报酬可以随意分配）。也就是说租赁管理公司这边收到的报酬就少了一个月的房租。所以，很多房地产公司会优先向客户推荐自己管理的房产。

另外，房客提出一些投诉，公司需要派人去现场查看的情况较为频发，这时候如果房子在偏远地区，就容易被搁置在一边不管。另一方面，对房客诉求的处理如果不够迅速，房客的满意度就会下降，这很有可能导致房客退租，所以最好还是委托当地的租赁管理公司。

后续更换管理公司不是件容易的事。

但如果是市中心的房产，不一定要找离房子最近的租赁管理公司。比如，住在以新宿为起点的私营铁路沿线的人，并不一定一开始就是想住在这里才在这里租房的，很多是"因为新宿有自己的学校或公司""去新宿很方便"才住在这里。

租客找房子的时候也是如此，比起去找铁路沿线城镇的房地产中介，很多人会去专门做新宿房源的房地产公司找房子，特别是对于第一次来东京的人，这种情况占大多数。因此当地的房地产中介也欢迎大型中转站的中介带着想要租房的客户过来，反过来也不排斥己方带客户去其他公司的中介那里。**所以在市中心，找租赁管理公司的最低条件是其地点必须位于途经房子最近车站的铁路沿线，不要太远就行。**

可以先委托一家租赁管理公司管理，之后如果要更换管理公司，提前 2~3 个月（按照合同上的规定）通知就行。但是对于要被换掉的管理公司来说，这可不是一件令人愉快的事，要得到对方的理解并顺利与之解除合同是很费劲的。特别是在偏远地区，有些管理公司称得上是"地头蛇"，可能会发生意想不到的纠纷。

所以如果要更换管理公司，那最好的时机就是在更换房子所有者的时候。如果以"已经决定交给认识的房地产中介管理了"这样的理由拒绝，前公司也容易接受。

第 5 章 房屋管理请交给专业人士——如何选择好的租赁管理公司

65. 如何选择让自己放心的好管理公司

如何选出一家好的管理公司没有捷径可走，**最实在的办法就是多跑几家店听听别人怎么说。**

打算买房时，可以在调查该地区的入住率和同类型竞品房的同时，顺带打探这些管理公司的情况。因为打探管理公司并非当前的主要目的，所以在这个时候没有必要问实际管理时的细节，但就算只是随便问问，也可以知道很多东西。比如，有些公司主推家庭住房，有些公司主推单身人士用房，有些公司主推房租较高的住房，如设计师公寓，有些公司则拥有大量面向低收入阶层人群的廉价住房。看一下对方店里挂出来的房子，就能知道对方的主推房型了，也可以直接问"贵公司什么样的房子比较多"。

另外，租赁管理公司将成为后续房屋经营的重要合作伙伴，所以最好选择那种让你觉得"可以安心把房子托付给这家"的公司，但我们有时也会遇到那种让人觉得"不放心把房子交出去"的管理公司。

一进店，就能感觉到这家管理公司是否有干劲。工作人员没什么气场，客户来店里也不让人坐坐，这样的公司不要选。和店面负责人一谈，有些人会让你觉得他有点消极，也有些人虽然感觉蛮有干劲的，但又有点假大空，交谈不到一起。与此相反，如果负责人看上去非常积极乐观，又很会来事，还会给出"这附近这样的房子很有人气哦""试试这样的装修怎么样"这样的建议，我想这时你肯定会想和他合作吧。

一旦确定了要买房，就可以再次造访之前了解过的公司里给你印象最好的公司，并详细了解其管理方面的情况。

绝对要问清楚的事项里，排第一的当然是**管理费**。月租金的5%只是行情，有些公司统一一个房间收取2000日元，有些公司则是收取房租的10%。另外，关于管理内容、巡视的频率、是否包括共用部分和房子周边的清扫，以及其收费是多少，等等，这些问题根据管理公司的不同也各不相同，可以拿来互相比较。

最好选择在装修改造方面能以房东为主导的租赁管理公司。

有一点务必和管理公司确认，就是房客退房等需要装修改造的时候，是否可以"由房东主导"进行。

这是因为有些房地产公司其实是房屋建筑商的一个部门，有些则是与某些建筑商紧密联合在一起，比起房屋管理，反而是靠派生的装修改造赚钱。这样的公司管理费会比较便宜，另外，长崎县的一部分地区甚至都不收取管理费，取而代之的是"装修改造什么的都会交给我们公司来办吧"这样的交易方式。

第5章 房屋管理请交给专业人士——如何选择好的租赁管理公司

如果是甩手掌柜作风的有钱房东，很多都不会去想收费贵不贵的问题，直接全扔给管理公司做，所以有些公司会借机收取高昂的装修改造费用。

按照我的方法，如何通过装修改造提高收益率是成功的关键，所以这个主导权必须自己掌握。如果没有仔细确认就和管理公司签了合同，不能自己主导低价装修的话会严重打乱后续事业计划，所以**一定要和管理公司确认房东能不能自己主导装修改造**。

当然也有为房东着想的租赁管理公司，可能会在和房东交涉后做出让步，"这么大规模的装修改造我们边商量边做吧"，这些都需要我们一开始就和管理公司讲清楚。

66. 选管理能力强的还是招租能力强的

选择租赁管理公司的时候，管理内容细致周到、招租能力也强的公司当然是最理想的，但现实中两者兼备的公司并不多。那么，要说管理能力和招租能力哪个更重要，我肯定选择**招租能力**。

因为如果招不到租客，不管是管理能力还是其他方面的能力都没有用武之地。极端点说，不管公司的管理能力有多出色，待人接物多真诚，多值得信赖，没有客户的话也束手无策。对于租客来说，即使管理得再好，如果有工作调动或结婚等情况，也还是会搬走。因为运营的是一份事业，因此首先得要有业绩。任何公司，不管对顾客的服务有多好，应对客户投诉的处理能力多优秀，赚不到钱的最后都会倒闭。

那么，如何分辨出招租能力强的公司呢？说实话，如果有这样的方法我也想知道。一般来说，应该是那种离车站近、亮堂、感觉进去看看也没什么负担的店吧。另外，像"アパマンショップ"[1] "ミニミニ" "ピタットハウス" "エイブル"等房

---

[1] 译者注：APAMAN 株式会社管理连锁，创始人为大村浩次，于 1999 年在福冈市开业，以租赁业务为中心开展房地产业务。公司已在东京证券交易所 JASDAQ 市场上市。根据 2021 年 11 月 12 日的东京证券交易所财务报告，该公司目前管理的租赁房产数约为 104.3 万套。

第 5 章 房屋管理请交给专业人士——如何选择好的租赁管理公司

地产公司品牌既有连锁店优势，又在广告宣传上不遗余力，充分发挥了自身的品牌影响力。如果是面向城市单身人士和年轻人的房子，我觉得这些有品牌影响力的大型连锁公司更有优势。

现在很多人在去线下中介店面之前会先用手机或电脑搜索一下房源，看中以后跟负责人联系说"想看看这套房子"，再去店里。所以不管是在偏远地区还是在城市，如果手里有房子要交易就一定要在"アットホーム""ライフルホームズ""SUUMO"等房地产信息门户网站上将房子信息登载上去。不过，对于那些店内连电脑都没有，只靠传真办理业务的公司来说，这点估计很难做到。

这方面的信息，**大概只有自己去房地产中介店面仔细询问之后才能知道，可以像这样问："这边是怎么招租的呢？"**如果自己没有把握找到靠谱的管理公司，还是选择品牌公司吧，这也是一个办法。不过在偏远地区，比起那些大型连锁品牌公司，在当地做了几十年、相当有势力的本地房地产中介有时在招租方面表现得更好，所以如果你在这个区域有认识的房东人脉网络，可以好好利用起来。

但是，如果房子本身就很有吸引力，即使找的租赁管理公司招租能力弱一些，也是可以招到租客的。我认为，与其在选管理公司上花费太多时间和精力，还不如努力提高房子本身的吸引力。

67. 调动管理公司的积极性为你服务

租赁管理公司是租赁经营中重要的合作伙伴,所以必须与其保持密切沟通,建立互信关系。

作为房东,双方刚开始接触的阶段,你的表现尤为重要。在让公司负责人记住你的长相和名字的同时,我们也要记住负责人。负责人打电话过来时,要能"喊得出对方的名字"。如果自己的名字被他人记住了,谁都会很高兴。邮件的内容要简单易懂,要尽可能快地做出回应。**去拜访的时候可以带上罐装咖啡、营养饮料、蛋糕等小礼物。**

听说有些有钱房东会摆出一副"高高在上"的样子,那样是不行的。请大家牢记,委托对方公司管理自己的房子说到底就是一门生意,房东也需要"经营"好和管理公司的关系。和管理公司沟通的时候,要注意把对方放在和自己平等的位置上,拿出与之交心的诚意来。

话虽如此,也不用想得太复杂,简单点来就行,比如中午去拜访的时候就和公司那边的人吃顿午饭等。做法因人而异。我会把负责人的兴趣爱好记下来,如果是喜欢车的人,就先和他谈谈车,而不是一上来就谈工作上的事,我就是这样和他们沟通的。

第 5 章 房屋管理请交给专业人士——如何选择好的租赁管理公司

相反，如果是关于业务上的事情，我觉得对方不会喜欢被不停地打电话打扰。要交流的一些事项可以集中在一起用邮件的形式沟通。通过时间顺序很容易把握事情的经过和处理情况，也能避免"重复和漏说"的问题。这也算是一些基础生意经了。

和房地产租赁管理公司的联系变得更加紧密后，**继承和任意出售房产等信息**也会到你手上。如果得到这样的信息，对后续购买房产也是有利的。买了房之后再交给管理公司管理的话，就不用找新公司从头开始建立关系了，这样会轻松很多。

随着和管理公司建立起联系，委托它们管理房产就会变得更加顺畅，可以委托的业务范围也更大，就像开了"自动模式"一样，房东什么都不用做。如果房客不退租，甚至都会忘记自己有这么一套房，等回过神来的时候，每个月的房租都已经在账户上一笔笔攒起来了。

这样一来，房东无论在哪里、在做什么都不要紧。我从2014年开始就住在美国，在日本拥有3栋房子（43个房间），完全自动式管理，几乎满租运营。事情全部通过电话（现在使用智能手机里的通话APP，费用和国内通话费用基本相同）、邮件交流，再加上网上银行，基本能解决各种问题。

在来找我咨询的新手房东中，也有"既不懂专业术语和行业术语，也不知道和房地产中介聊什么，聊不起来"的人。但我觉得初始阶段就算什么都不懂也没关系。用"这样啊，我学到了,谢谢!"这样的话术就足够应对了。碰到不懂的问题就拿出来问对方,这也是一个不错的话题。另外,心理学上有一种叫作"**单纯接触效应**"的学说,大概的意思就是"单纯接触,即见面的机会越多,给对方的印象就越好"。因此就算你觉得自己不擅长与对方打交道,也不能就此回避,反而应该多创造几次见面的机会,到时候再送上一些小礼品,这样就能拉近彼此之间的距离。

我觉得一开始就找到一个细心周到的管理公司是相当困难的,找寻可靠的合作伙伴,很多人认为就是找一个强有力的外援。但是我认为不是这样的,而是需要通过自身的努力和对方构筑起良好的关系,并且怀揣互相成就的心理一同成长。

第 6 章

房东大显身手——装修改造大作战

68. 充分发挥想象能力进行"空间设计"

要实现满租运营,装修改造是必不可少的。如果装修改造一番能提高房屋的吸引力,成功招来房客,甚至还可以进一步提高房租,那么收益率自然就提高了。如何装修改造都是由房东自己来定的,并且其成果会直接表现在招租等方面,这对于房东来说,也算是租赁经营的乐趣了。

装修改造最重要的是"能够提高成交率的质量"和"空间设计"。质量的重要性大家都知道。本节将向大家介绍装修改造中的空间设计和各种小点子的实例。

如果把装修工作全部交给租赁管理公司,它们确实可以通过更换壁纸等操作让房子变得干净整洁,但那只是最基础的原状恢复,也就是恢复到"普通房间"的程度。它们也有很多房子要管,很少会为了某个房东特意提出"这样装修改造一下会不会更好?"等建议。

所以,如果想要把房间打造成对潜在房客有吸引力的房间,房东就只能自己绞尽脑汁想办法。比如房子周围有其他建筑物,导致1楼的采光不好,房间比较暗,就要采取让房间看上去亮堂一些的措施。地板、天花板、墙壁都改成白色,照明方面也是,把8个榻榻米大小的房间用的照明用在6个榻榻米大小的房间里，给人的感觉就不一样了[1]。如果觉得天花板低，也可以把天花板整个拆掉。虽然管道会裸露在外，但如果给金属材质物件做防锈处理，然后用白色或黑色的漆喷涂，会给人一种城市咖啡馆的感觉。

室内全是洁白的木地板、墙壁和天花板，一眼看到底的巨大单间房型。天花板上的管道、配管、配线都是裸露的，就像咖啡厅或画廊一样。

①为了满足租客的需求，可以大胆地尝试房型上的改动。

如果是普通房型和没有人气的房型，索性试着将其改造成全新的房型。虽然有些柱子和墙壁因为是主体结构的一部分，无法拆除，但很少有房东会想到把房间的柱子和墙壁都拆掉。

---

1 译者注：根据译者20年的实践经验，租赁的"展示灯"的亮度通常以日常家用亮度的1.3~1.5倍为佳。

并不是一定要改造成某种特定房型。实际上，厨房狭小的老式两居室并不受欢迎，如果拆除两居室之间的墙壁，将其改造成客厅很宽敞的一室一厅，感觉在单身人士和年轻夫妇中会很受欢迎。

如果是面向家庭的房型，并且想要瞄准年轻一代的租客，安装厨房吧台也是不错的选择。30多年前，流行将厨房隐藏起来，因为会用墙壁隔开，给人一种疏离感，所以现在就不受欢迎了，年轻主妇们如今都向往岛型的开放式厨房。即使是用墙壁隔开的厨房，如果把墙壁的上半部分取下来，放上木板改造得像厨房吧台一样，整个空间就会变得非常敞亮，因为在那里也能吃饭，即使空间狭小也够用。因为只需要安上松木的集成材等木板，装修改造费也就6万～8万日元。

②没有需求就创造需求。

可以看到的需求必须把握住，但这些"常识"并不是全部。

在多数派的市场中战斗是比较强硬的做法。但业界一定会有"小众市场"。另外，小众市场有这样一个特点，那就是无论经济景不景气，只要是符合客户价值观和需求的商品，都会受到他

原来的厨房是用墙隔开的，把墙的上半部分拿掉，放上松木板改成厨房吧台

第6章 房东大显身手——装修改造大作战

们的热情追捧。也就是说，如果能很好地挖掘出这些潜在需求，不仅能拿到比行情更高的房租，而且很可能可以在这个市场里一直赢下去。

第75页介绍过的将栃木县小山市公寓的一套三居室改造成一个巨大的单间就是一个很好的案例（如后图）。我们挖掘出了面向家庭的三居室房型不具备的需求，例如将其租来当作办公室，以及如SOHO那样居住与办公室两用。这样改造以后，比起将房间分割成一个个小空间，用起来会更称手，虽然一楼的房间容易让人敬而远之，但如果作为办公室使用，还是一楼比较方便。

毫无特色的普通房间在它所在区域里就有好几百间了，所以只是最基础的装修改造是无法脱颖而出的。在紧紧抓住当前需求的同时，也要挖掘其中较为小众的潜在需求。事业经营者必须有"没有需求就自己创造出来"的气魄。即使没什么钱，也要绞尽脑汁想办法在"细分市场一决胜负"！

即使少子化导致人口逐渐减少，也只需要打造出更胜一筹的房间就行了。仅仅只是标新立异是不行的，但如果确信有这样的潜在需求，就要勇于直面挑战并且付诸行动。思考该如何改造是一项快乐的工作。什么都追求完美的话是没有尽头的，可以在有租客退房时去进行改造装修，所以按照自己的感觉去慢慢试错就好。

将带孔的木板贴在门或墙上,营造出别具一格的氛围

放置130厘米×180厘米的玻璃作为入口处的视野遮挡

玄关是一个有3个榻榻米大小的空间,可以放置自行车、婴儿车等

69. 时刻注意成本与效果的成效比

虽说改造可以按照自己的喜好来做[1]，但因为是经营一项事业，所以必须要时刻注意"成效比"。

一般来说，装修要以"消除负面因素"为第一位。比如因为没有洗漱台而被潜在房客敬而远之，以及洗衣机就应该放置在室内，和式厕所也不受欢迎，**这些能够改善的负面因素应该尽可能地去改善，不要吝啬成本。**

尤其是外墙涂装，很久没有做过涂装的房子给人的第一印象就是阴森、脏兮兮，但做了涂装以后，马上就会漂亮干净得让人吃惊。此外，**外墙涂装还可以修复外墙外观（修复裂缝和接缝）和恢复防水功能，这是一项成效比非常高的投资。**根据房子大小和涂料的不同，如果是一栋4户二居室的出租房，只需50万~100万日元就可以完成。并非每个角落都需要涂装，那些看不见的地方（特别是离旁边的房子很近，房子之间没有太大缝隙，也不太能看到）不需要涂装，如果就涂两面或三面，费用也会低一些。

---

1 译者注：关于租赁改造的投入产出"甜点"，可参考译者的著作《丑房焕新》。

首先就这样消除负面因素,在保证房子基本性能的基础上,再做一些可以用来对外展示的修复工作就可以了。

①不要陷入自我满足的陷阱。

这里需要注意平衡。例如洗漱台,如果是常见的类型,包括安装费用以及原有部分的拆除费在内,所花费用在5万~6万日元。如果房租是5万~6万日元,我觉得这种程度的改装就足够了。尽管如此,也有一些房东为了追求设计和质感,花费20万~30万日元安装一流酒店里的那种洗漱台。当然,这样一来房东自己是满足了虚荣心,但需要多少个月的房租才能收回这部分的差价呢?如果存在大量空关,并且有信心这套设备在未来几十年里都能满足入住者的需求,那么这么操作也无可厚非,但遗憾的是,洗漱台可没有那么大的作用。这部分的装修即使是便宜货,只要是漂亮的新品就没什么问题,所以应该注意采用成效比高的装修方式。

入住需求也会因目标入住人群和区域的不同而有所变化。对于市中心的单身人士来说,和式房间可能不受欢迎,但是对于偏远地区的家庭用房来说,比起特意把所有的房间都换成西式房间,还是保留一两间和式房间比较受欢迎。只要查看那个区域的同类型竞品房,就能把握当地的住房倾向,在这个基础上再补上一个"+a"来实现差异化就可以了。

过去经济繁荣的年代,租金高但设备齐全的房间更受欢迎,

第6章 房东大显身手——装修改造大作战

但现在不是了。设备方面,即使装个新的,出租5年、10年以后,损坏也会很严重,最后也要换掉。如果是在自己家里装上好设备,那肯定会很小心地使用,但是在外租住的话,就是两码事了。所以我觉得**房东在某种程度上需要控制住自己的虚荣心,不要过分追求完美**。后文也会讲述,可以通过与燃气公司合作,尽量不做过多的设备投资。

②用刷漆代替壁纸,成效比惊人。

不花钱就能做到成效比较好的装修方式有很多种。在我刚开始做房东的时候,因为没有钱,就自己做装修,但是因为换壁纸太费钱了,所以有一段时间是用便宜的白漆做房间的墙壁、柱子还有天花板的涂装。而且是那种卖不出去的、看上去挺光滑的亮色漆,因为哑光的白漆很贵。但是,即便如此,房客们似乎也不是很在意这些,因为房间看上去还是很干净整洁的,最重要的是这套房子是这块区域里价格最低的,所以就轻松达成满租了(虽然不知道这些房客心里是怎么想的……)。

十多年后我才意识到,这样刷过漆的房间,后来基本没有做过什么精装修了。如果喷涂的是哑光漆,污垢很可能会粘在上面,但如果用的是光滑的亮色漆,只要擦一下就能去除污垢。即使有些地方脏得太厉害或者有洞,只要修补一下这些地方,再涂上同样的亮色漆,就能和周围同化了。这些都是几千日元就能完成的事情,**成效比真是惊人。**

至于预算，对于我来说，**大规模装修改造的上限金额是15个月的租金**（浴室的更换工程另行计算）。其他的房东也有按面积算的，比如1平方米1.5万~3万日元。总之参考值根据个人情况来定就可以了，但是一旦定了就必须遵守，"不动摇"，这对于事业经营来说是很重要的。

装修很有意义，也挺深奥。一旦开始做，就会觉得"这里也想改掉，那里也想改掉"，让人在意的地方一个接一个地出现，如果不先定好预算，就容易陷入花钱无止境的无底深渊。作为经营者，需要时刻问自己"这样装修的话会多大程度反映在招租效果和房租上，最终能盈利吗"？不过，这绝不是说不花钱随便搞搞就可以了。最重要的是通过自身努力尽可能压低装修费用，追求最大限度的成效比。

70. 从长远来看,免维护也很重要

上一节所讲的"成效比",只是从微观的角度来看。从宏观的角度来看,也有这样一种装修方式,虽然预算上会多花点,但长期来看是划算的。

虽然用白漆刷房间这样的装修方式既能满足微观要求,也能满足宏观要求,但这样的案例并不多见。一般来说,价格较低的材料耐用年限也低。地板就是一个很好的案例。如果是榻榻米的房间,一面用旧了把榻榻米翻至另一面来用就行。房客退租时将榻榻米翻面或者表面翻新,要是这样做还不行的话就必须全部换新的,每次退租都需要这样来一遍的话,如果是房客能长期居住的家庭用房倒还可以,但是如果是面向学生这类单身人士的房子,运营成本将会大大增加。

因此,**"反正榻榻米的房间(对于单身人士来说)也不受欢迎,干脆改成西式房间吧"**,这样的装修方式也是可以尝试的。那样的话,即使房客退租,也只需要清洁一下房间就可以了。最便宜的是缓冲地板(CF)[1]。按照现在的行情,如果是6

---

[1] 译者注:国内称作塑料地板或塑胶地板,请扫二维码观看视频《620万人围观日本匠人铺地板》。

620万人围观日本匠人铺地板

个榻榻米左右大小的房间，包括榻榻米的丢弃费在内要花费6万～7万日元。木地板的话要花费9万～10万日元。虽然CF的性价比更高，但其材料比较柔软，如果冰箱、床等长期放在上面就会留下痕迹，总有一天必须要换掉（即便如此，运营成本也比榻榻米低）。但是木地板可以维持20～30年，这样一想，虽然成本会稍微高一点，但用木地板可能会更好。

租赁管理公司那边表示，"无论是CF还是木地板，对招租影响都不大"。因此，如果预算紧张，我会使用CF，如果预算充裕，我会使用木地板。

最近，我也在试用店铺专用地砖。这个虽然比木地板贵一些，但会给人一种高级感，耐水性和耐用性都不错，也不容易留下划痕，能半永久使用。因为即使有些地方不能用了也只需要更换掉这部分，可以大幅降低运营成本。偏远地区采用这种地砖的房子很少，所以这样一来就做到了差异化，也就更容易出租。

应选择效果能长久保持的装修方式。

我常向人建议改变房型，不仅仅是为了迎合入住者的需求。比如我在茨城县的出租房，打开玄关的门就是厨房，接下来是7.3平方米大小的日式房间，最里面的是10平方米左右的西式房间，房子是纵向的布局，最中间的房间就比较昏暗，居住感不好。如果将其与厨房合并，使用CF铺设，改造成厨房、客厅、

将店铺用的地砖铺到客厅、餐厅和卫生间地面的案例

餐厅一体化布局，或者与最里面的西式房间合并，铺上木地板，这样一来，新房型不仅更加受欢迎，居住感更好，并且需要安装的门窗也减少了。门窗这类建材如果要更换的话会很昂贵，改变房型以后，墙壁面积减少了，需要更换墙纸的面积自然也少了，也就降低了运营成本。我这套房的房龄有45年了，就是采取了这样的装修方式才能一直维持着满租状态。

如果资金充裕，可以改成较大的客餐厨一体化房型，把客厅和卧室用可移动隔板隔开，自由度更高，也更受租客欢迎。**可移动隔板一处大概要花费10万~15万日元，但如果够牢固，可以用30~50年的话**，也可以作为房子的一大卖点，这样一算我倒觉得还挺便宜了。

反正都要装修改造,那就选择免维护的那种,效果持续得久的更好。当我长时间拥有一些房产的时候,我开始关注起这些问题。刚开始投资的时候真的没有钱,赚到的钱也基本全用来购买下一套房产,没有多余的精力去思考其他问题,总之只想着低价装修改造一番了事。现在我却想"尽善尽美地装修改造一番,效果最好能保持个 50 年甚至 100 年",尽量采用可持续发展式的装修方式。

71. 由城市管道煤气换成煤气罐

大幅压缩装修改造费用的诀窍之一是将城市管道煤气换成煤气罐。简单来说，煤气罐公司的经营理念就是想方设法从包括城市管道煤气在内的其他竞争对手抢占的市场份额里分一杯羹。因此，通过与其交涉，将管道煤气换成煤气罐，作为交换，对方肯定会免费出借热水器和煤气配管，甚至也有可能会提供一些与燃气有关的设备。

说到燃气相关设备，也不仅仅只有灶具。如果不是全电气化的房子，厨房、洗手台、浴室等处出热水的设备都与燃气相关。如果将这些出借或廉价装配上的话，**一个房间就可以节省几十万日元的费用，整套房子就可以节省几百万日元的费用。**

另外，燃气公司的工匠中有很多优秀的"能身兼数职的工匠"。他们不仅能处理称得上是危险物的燃气，还能处理自来水管，打孔、填埋、瓷砖工程、电气工程、泥瓦工活、木工活、涂装、壁纸更换等都能做。

如果和这样的煤气公司合作，能省很多事。例如，有煤气灶和水槽的厨房（不是那种内置的，而是将煤气灶放在台面上）需要更换设备时（不同时期的更换价格有所不同，但大体是8万日元），如果顺便请师傅将水龙头换成单口混合水龙头，竟争力也会提高。每次厨房里需要请师傅做点什么的时候，我也经常让师傅顺便帮我换排气扇。因为这类产品用了一定年数以后就会突然坏掉。这些活师傅基本也就收个材料费。

1万～2万日元可以换个新的浴霸，更换浴室的瓷砖地板也就1万～1.5万日元。如果水龙头或者淋浴头老化了，可以便宜地让师傅给你换掉，房间里的其他地方，例如坏掉的水龙头的填料和滤芯、卫生间水槽内的塞子、洗衣机用水龙头的更换等，都可以让师傅"顺带"处理，他们只收取最基本的修理费和材料费。

煤气罐公司这边也是，设备都是以内部价格低价采购，公司贴补的钱会从之后长期支付的燃气费中慢慢收回。

这种做法要说有什么缺点的话，就是由于人们印象中煤气罐收费很高（实际上，让煤气罐公司给你提供各种设备的话，燃气费确实会高一点），潜在房客可能会敬而远之。特别是家庭用房，很多家庭主妇都很在意燃气费。在这点上，**可以根据设备上节省下来的钱，把房租相应地降一点，如果房租比市场价格低的话，对房客来说就是一大优点**，这样的做法也值得一试。

72. 3点一体化浴室的装修改造方法

在泡沫时期，拥有"3点（淋浴间、卫生间、洗手台）一体化浴室"的房子被大量建造出来，但现在却不受房客欢迎，投资者也往往对其敬而远之。我也是这样，特别是在偏远地区，房客接受度较高的房子一般空间较大，浴室、厕所是分开的，所以这种浴室一体化的房子最好还是别碰。

不过，如果就是因为这个原因，导致房子空关较多，被低价出售的话，那么反倒是可以将房子买入，瞄准后续的高收益率，这也是投资的一环。不入虎穴焉得虎子，别人敬而远之的就是我们可以下手的，也就是所谓的在"细分市场一决胜负"！

事实上，**有一种装修改造方式可以让 3 点一体化浴室房在租赁市场上完全具备一战之力。**

3点一体化浴室，由于有触电的危险，卫生间通常没有插座。因此，即使只是**安装防水插座，配个防潮型附带温水清洗机功能的坐便器**，也能提高竞争力。还有在墙上贴个宽 90 cm 左右的 DI-NOC 贴纸（装饰贴膜），再配上大一点的镜子，给人的印象就会完全改变。

再装上一个带温度调节的混合水龙头淋浴器，就像城市酒店的淋浴间一样，功能性和时尚感兼备。

顺便一提，DI-NOC 贴纸是指 3M 公司的"DI-NOC 贴膜"，该商品很有名，是贴在墙壁上和门上等处的装饰贴膜，因其具备良好的素材感和高级感而备受欢迎，例如高级住宅的玄关，用的都是 DI-NOC 贴纸……

这种做法在市中心或许很常见，但在偏远地区还是比较新鲜的，最重要的是这样做比直接改造 3 点一体化浴室房要更便宜。

如果是外国房客较多的区域，因为他们往往能冲个澡就满足了，所以即使不花大力气装修也不会有太大的负面影响。在高收益率房产越来越少的今天，如果没什么钱的人想在房屋租赁市场赢得一席之地，瞄准不受欢迎、便宜点的 3 点一体化浴室房也不失为一个好办法。

浴室墙面贴上具有高级感的棕色 DI-NOC 贴纸的案例

73."商品"到手后就看各位经营者的本事了

房子对于经营者来说就是"用来交易的商品"。商品到手后,如何经营考验的是经营者的本事。在这里,除了在新版中介绍过的至今仍然有效的点子,还将介绍我在这5年里听到的、见到的各种手段。

单间房型的收纳空间很少,如果做些挂钩或者架子的话,入住者会很喜欢。用作墙壁材料的石膏板承重能力不是很好,可以使用被称为"板锚"的固定工具,将螺丝固定在石膏板上,"如果这块区域有钩子的话,房客就可以挂衣架了""如果这边有架子的话,对房客来说会不会更方便些呢",房间布局等需要设身处地地为入住者考虑。材料费也并不是很贵(有的材料在百元店里也能找到),稍微多花点钱就可以做到差异化。

采用只改变墙壁的一面或一部分壁纸颜色和花样的"装饰壁纸",已经是较为普遍的做法了。每年都有各种各样的材料出现,让我们好好利用起来吧。

本书新版中介绍了仿真皮的合成皮壁纸,较有高级感,乍一看给人的冲击力很大。不过,整面墙都采用仿真皮的合成皮壁纸的话,给人的冲击力就太强了,但如果是在墙的齐腰高度上使用60 cm左右宽度的壁纸，可能看上去就很时尚。铝制装饰镶板等也是，部分使用的话会很有型。还有个新点子，就是贴上店铺装潢用的那种挺时尚的镶板，我觉得效果应该也不错。和地板的材料一样，镶板可以半永久使用，耐用性很强，也有高级感，能实现与其他竞品的差异化。

①**用床头板和腰壁体现实用性和设计性的差异化。**

下面是美国的实例，床头的地方会放置一块较为豪华的木板，称作"床头板"。**把做地板的材料贴在靠床头位置的墙壁上充当床头板**，看上去也非常酷炫。虽然壁纸必须要换，但是木地板材料的床头板清理后再打蜡可以用20～30年。如果是在墙壁上使用，既不显脏，也不会有划痕，所以即使这种做法成本较高，能够半永久使用的话也可以尝试。

地板的板材贴在床头的位置，营造出高级感的氛围

第 6 章 房东大显身手——装修改造大作战

同样地，**用被称为"墙壁板"的薄板代替装饰镶板也是不错的选择**，还可以用于"**腰壁**"，就是将墙壁板贴在一面墙壁上，从地板贴到腰部高度，因为其可以避免墙壁划痕和体现独特的设计感，也有不少人喜欢这种风格。如果想要通过允许饲养宠物实现差异化，腰板对墙壁本身也能起到一定的保护作用。采用厨房用的马赛克瓷砖（也可以用贴纸）代替墙壁板，也是营造出时尚感的好方法。

②**设置有孔板、更换开关、提供免费 WiFi……改造方法很多。**

如果起居室空间够大，还可以跟上社会潮流，做一个远程办公间。毕竟有个专门办公的空间还是挺方便的，视频会议时也不会被孩子和宠物打扰。在网上用关键词搜索"**远程办公 DIY**"等，会出现很多非常时尚的办公间照片，可以拿来参考。**把墙壁的背面做成有孔板，这样就可以装上钩子把东西挂在上面，还可以装一个文件存放架，这样的点子还有很多，和木工商量着做吧。**

另外，**更换开关和插座也是一个不错的主意。**不只是换成翻盖的插座，而是整个都换掉，外观也重新设计，比如换个有 USB 接口的插座，这样一来就可以极大改变访客对整个房间的印象。

如果房子里房客户数不是很多，且共用区有闲置空间，就可以拉网线安装路由器提供免费 WiFi，以此实现差异化。也有商家在提供这类服务的同时，还负责日常维护（顺便说一下，我使用的是"民用互联网"），我有个认识的房东是自己安装的。至于如何进行日常维护，听说他是和其中一位租客协商，委托该租客在信号不好的时候重新启动设备，作为回报，他稍微降低了这位租客的房租。

还有很多点子没法全都写出来，但通过房东的努力来实现差异化，提高对潜在房客吸引力的做法千差万别。大家也可以做各种各样的尝试。

74. 选择装修公司时必须货比三家，多家报价

装修改造计划定好以后，就要选择实际施工的装修改造公司。当然也可以选择交给管理公司。管理公司会把和装修公司交涉等工作全给包了，房东什么都不用做，非常轻松。不过，由管理公司代替房东工作的话，成本会比较高。

按照我的方法，进行高成效比的装修改造是投资事业的生命线。即使辛苦点，也要由自己主导进行装修改造，从而提高收益性。实际上房子买到手后，所有开销里装修改造费会占大头。可以说，与施工质量好、价格又便宜的装修公司建立信任关系，是租赁经营的关键。

要找到这样的装修公司，采取"多方报价"是铁律。

所谓多方报价，是指找来多个装修公司，让它们给出同等条件下装修改造的报价，然后比较价格。可以说这是一场竞赛。在住宅、建筑行业，采用多方报价是常识，很多时候都是免费的。因为对方也认为这是很正常的事情，所以无须有所顾虑。

重要的是，一开始就要明确告知对方采用的是"多方报价"。"我跟其他装修公司也打过招呼，您这边能接受吗？"这么一说，"不接受多方报价"的装修公司就会拒绝。如果是还愿意给出

报价的装修公司，也知道有竞争对手，应该不会给出太高的报价。

装修公司除了请管理公司介绍，还可以在互联网上搜索，用房子所在地的市区町村加上"装修""设备""工务店""泥瓦匠""门窗建材"等关键词进行搜索，就能找到附近的装修公司。因为有些公司会在网站上登载实际施工场景，所以如果你觉得不错就点进去看看吧。

①至少邀请三家公司进行多方报价。

不过，我也不是所有的装修改造都采取多方报价，而是仅限于大规模装修改造，基本都是金额超过50万日元的装修改造。要是金额过小的话，我也不太好意思邀请人家进行多方报价。

接下来，找几家公司报价比较好，这点当然也要看自己打算在装修改造上花多少精力和时间，不过我认为至少应该邀请三家公司进行报价。如果只请两家公司，也就只能知道哪边报价高哪边报价低这种表面信息。但如果邀请三家公司，比如A公司报价120万日元，B公司报价100万日元，C公司报价80万日元，就可以推断出"一般需要100万日元左右"。如果A公司报价100万日元，另外两家报价80万日元，则可以推断出"一般需要80万日元左右"。

初出茅庐那会儿，由于无法判断对方报价是贵了还是便宜了，我一开始就喊了很多家公司进行多方报价。有时会一个小时安排一家公司来看房报价，有时两天内喊来了10家公司进行报价。虽然在本书的初版里把这些描述成了勇敢的尝试，但现在想想还是觉得做得太过了，感觉有点丢脸。我为占用了这些人员的宝贵时间而感到万分抱歉。我觉得多方报价至少邀请3家公司，最多5家就足够了。

②用多方报价培养行情观。

另外多方报价还具备以下优点，可以通过看不同公司的报价来培养行情观。

可以大致了解到每种材料的价格（在家装中心和互联网上也可以有个大致了解）、雇佣工匠一天的"人工费"、这些活需要干几天，以及其他费用（运费、停车费、废料处理费等）。

例如，将厨房的水龙头换成单口混合水龙头时，"材料的价格是7000～8000日元，人工费根据工匠的水平来定，为1.5万～2.5万日元。工期大约为半天，处理旧废弃物也花不了几千日元"，如果能有这样的行情观，那要是有人提出"包括安装费在内8万日元"这样的报价，"这也太贵了！"一眼就能看出来。但是如果不知道行情，也就不会对他们有什么怀疑，也察觉不到支付了比行情价更高的费用。所以多方报价、仔细调查，真的是很重要的事。

如果条件允许，可以自己动手尝试对一套房子进行装修改造。 电力相关工程需要资质，只能请专业人员来做，但我一直有在旁边看着他们工作，贴墙纸、榻榻米换木地板等都是我自己做的，也从中知道了工程的步骤和行情，"如果是这种做法，这个价格应该可以做到吧？"，这些知识还能反过来用于砍价。如今这些经验依然能够帮到我。

就算自己进行装修改造失败了，也可以从失败中吸取教训，所以你可以把它当作为了今后的经营而进行的投资，试着去挑战一下吧。

75. 不能用价格去筛选施工方

决定采用多方报价之后，不建议只根据价格来选择施工方。仅仅因为报价便宜就委托这家装修公司，结果做得太差，资金周转不开导致工程停了半年，或者交了定金之后施工方要么就卷款跑路，要么就宣布破产，这样的案例我听说过不少。

因为不管什么样的装修改造都有其合理价格，不要选择那些价格偏离得太厉害的施工方。同样地，如果砍价砍得太过分的话也会惹对方不高兴，打击到对方的干劲。

说到底，即使不是最低价，最好的选择还是请靠谱的公司来做。在现场一边和对方商议报价事宜，一边与其聊天，就能感受到对方是否有诚意。**多方报价不仅仅是为了了解价格，也是为了寻找今后可以与自己一起经营这项事业的靠谱合作伙伴，所以也相当于是对对方的一个小测验。**

聪明的做法是，**如果有装修公司让你产生了"一定要请他们来做"的想法，就把多方报价中的最低价格告诉他们，和对方商量"能否按这个价格做"。**

如果对方接受了的话就很幸运了，即使价格被压下去一些，只要是双方都能接受的金额就行。

报价阶段，你可以问对方，"你在这边工作了很久了吗？""什么样的活接得多呀？""像这种老旧房的改造经常做吗？"诸如此类。如果想要更慎重一点，可以请他给你看看对方亲自施工的现场或者照片。也建议大家去网上查一下对方公司的口碑。如果对方干活随随便便、敷衍了事，那网上马上就会出现对它们的差评，以防万一，可以事先在网站上查查看。

对辨别装修公司好坏没有什么自信的人，从一开始就请管理公司介绍也是一种方法。 因为是自己管理的房子，管理公司也不会介绍那种可疑的装修公司。你可以一开始就把预算告诉管理公司，问他"有没有可以按这个价格做的装修公司？"，对方手里应该有好几家有过来往的装修公司，有可能会介绍一个位置比较近的给你。

通过管理公司介绍的活，装修公司可能会收取比多方报价方式更高的费用，但因为是由管理公司负责沟通，代替房东监督，所以房东会比较轻松，这也算是一个优点。总而言之，要么就选择可能会因为无法辨别而背负上遇到不良装修公司的风险，要么就选择稍微多花点钱求个安心。什么都自己做，拼命压低成本，也不一定是良策。

总之不要想着一次就找到最理想的装修公司，可以先拜托对方做点小活，做得好就继续请对方做，做得不太好就找其他装修公司。

另外，基本上还是委托在当地有店面的本地装修公司比较好。理由是，如果做得不好，对方在当地的评价就会下降，**因此不太可能偷工减料，而且也方便后续跟进。**

特别是老旧房屋，肯定会经常出点什么问题。收益率高的房子，就是把这部分的风险也算进去了，所以才格外便宜。漏水、窗户玻璃碎裂、设备坏了等紧急情况下，如果装修公司离得近，让它们派人过去处理就比较容易。另外，如果入住后不久有什么不妥或是发生了初期不良等意外情况，装修公司也会马上来查看情况，所以还是建议委托给本地装修公司。

如果之后也打算在那个区域继续买房，找一个值得信赖的本地装修公司就会轻松很多。

"有人退租了，空出来的房间麻烦处理一下"，"我还要再买套房子，也麻烦你了"，互相熟悉了以后一个电话就能委托它们干活了。在建立起这种关系之前虽然暂时会辛苦些，但是因为是寻找重要的事业合作伙伴，所以在上面花多少力气都是值得的。

76. 要经常去施工现场查看

装修开始后，作为房东在工地上几乎没什么可做的，但最好时不时地在工地露个脸。

对于一个工匠来说，如果干活的时候有人盯着，就不会想着要偷工减料。因为他会想这位房东也许具备工程方面的知识。给现场制造一定的紧张感是一件好事。

工匠偷工减料的方式也有很多，比如不在墙壁上放隔热材料，或是在涂装时有些地方明明需要涂3次，却只涂了2次……像拼接壁纸图案这种比较精细的活，如果认真做，误差应该能控制在几毫米，但如果做得很粗糙，误差可能会到1 cm左右。更有甚者，会因为扔废料费钱，带回去也麻烦这样的理由，有时干脆就把废料和烟头、喝完的空罐一起藏在地板下或墙里。如果有人盯着的话，也就干不出来这种事了。

一句话不说就只是双手抱胸盯着人家施工的话，给人的感觉不太好，可以给师傅送点茶或咖啡，问他："我可以看一下吗？"我觉得只要不碍事就行。不会有人说"不，被人看着的话会不好做"。最好也别让他们知道你什么时候会来，可以用突击检查这样的形式，并且带点慰问品。"这个要怎么做？""厉害了！"真诚地为他们的工作点赞，这样他们干起活来心情也

第6章 房东大显身手——装修改造大作战

会好很多。

新建自住房的工程动辄几千万日元，所以有些人会建议你"为了留作记录"把施工过程拍下来，但你可以用"为了学习""其实我在玩SNS（社交网络），想把这些传上去"等理由，用智能手机拍个照就行。这样一来，对方也怕万一留下点什么证据，所以能起到给他们施压的作用。

另外，通过认真观察施工现场，作为房东也能掌握一些装修知识，这一点在日后一定能派上用场。为此也要找些合适的理由，尽量多地在施工现场露露脸。

实在抽不出时间的人，也可以另外向管理公司支付费用，请它们派人到场监督。我移居美国后，向施工公司委托大规模工程时，会给管理公司支付工程费用一成左右的委托费，让它们派人到场监督。由专业人员代替委托人前往现场，进行商议，并拍好照片发给委托人，这在防止施工方偷工减料的同时，还能把握施工进程，让人放心。

77. 不要只盯着眼前利益，要把目光放长远

装修改造时，不仅要考虑如何压缩成本，更重要的是将目光放长远，比如这些装修改造将如何影响未来房子的经营。

如前所述，还有一种观点认为，初期成本可以高一些，但最好压低运营成本。如果是课税收入较多、纳税金额多的人，可以选择能计入经费的装修改造，不惜成本搞装修来提高后续入住者的满意度。一味压低成本并不是明智的做法。

同样地，**请管理公司装修，管理公司会因此承情，租房时优先推荐你的房子，从长远的角度看这是有好处的。** 我这边也并不是所有房子的装修改造都委托给自己找的装修公司。其中有些房子明知收费会贵些，但我也委托管理公司进行装修改造（比如对方表示马上能够动工等），因为它们会一直让房子维持满租，所以我想如果时机合适的话委托它们装修改造也不错。

但是，如果对方的报价毫无道理还委托它们的话，那就是冤大头了。有一次管理公司给一项设备工程报价70万日元，因为我觉得贵，就另外找了关系好的装修公司报价，得到的回答是28万日元。以此为根据，我对管理公司提出"30万日元左右能做吗？"，中间经过一番拉扯，但最终对方以略低于28

第 6 章 房东大显身手——装修改造大作战

万日元的价格接受了委托。

从那以后,管理公司似乎感受到了这样的信息,**"这个房东并不是任凭摆布的人,他是知道行情的"**,另外,"不满意的话,他还可以委托装修公司,他是知道更加便宜点的路子的"。在此基础上,我仍旧委托它们"请协助我招租",一方面管理公司面对懂行的人也不敢漫天要价,另一方面管理公司也能从我这里赚到钱,会对我心怀感恩。

就算是我自己找人装修房子时,也不是绝对不找管理公司帮忙。有时我请的装修人员业务繁忙空不出手时,我就会找管理公司委托它们"先把这部分活干了"。

多少会贵一些,但是让重要的事业合作伙伴赚点钱也不是坏事,确保握有不止一条渠道,这点在经营上也很重要。

总之,连行情都不知道,只会说"不管怎么样先给我把价格降下来"的房东会惹人讨厌,也无法与管理公司建立起信任关系。租赁经营是以几十年为单位的事业,所以不要只局限于眼前的利益,要把目光放长远些。

❗ 小型装修推荐"生活市场"

如果是房东自行组织的装修,或者一些小型装修,我推荐一个叫"生活服务市场"[1]的网站。

这可以说是一种用户与各类从业人员的对接服务,相较于常见的委托工作形式会更轻松、更便宜。输入"壁纸更换""空调安装"等想委托的工作内容,对应的从业人员就会按照排名顺序显示出来。然后可以按区域缩小范围,也可以按照费用由低到高的顺序进行排序。上面会显示从业人员的照片,施工实例也可以通过照片确认,还可以看到其他用户的评价,你可以慢慢找直到看到满意的。

住在美国的我最近也通过这个网站委托一个从业人员更换了东京都内一套房子的带温水洗净功能的坐便器。管理公司的报价是商品约 6 万日元 + 施工费约 1.8 万日元,价格较高,所以我在网上购买了商品,寄给了之前在网上找的从业人员,只委托他更换了坐便器,最终以商品约 2.66 万日元 + 包含废品处理费在内施工费约 1.35 万日元的价格完成了这次坐便器的更换。合计节约了约 3.8 万日元。

这个更换工作从事前安排到实际施工都非常顺利,该网站委托的从业人员值得信赖。这样用价格试水,来寻找未来的装修合作伙伴,也是个不错的选择。

---

1 译者注:作者提到的这一家生活服务市场比较接近中国的 58 同城。
简介:网站列出了 300 多种与日常生活相关的服务,例如房屋清洁、收集不需要的物品、搬家等。可以通过对比评论和价格从多家公司中进行选择。网站连接了众多的用户和提供服务的个体商家。通过用户评论、专业培训和相关保险以及各种服务手段,网站向用户提供了各种服务保障。

由みんなのマーケット株式会社运营的可以将搬家・家庭保洁等从业人员进行简单比较的对接网站。
https://curama.jp

第 7 章

你好,租客,欢迎光临
　　——满租经营的秘诀

78. 房间的第一印象最重要的是清洁感

求职过程中人们常说"面试时第一印象很重要",同样地,为了让潜在租客能选择自己的房间,给他的第一印象当然也很重要。

话虽如此,但并不是说要像整容成美女或者帅哥那样改造房间。即使不花费昂贵的价格去买最新的设备或是设计得富丽堂皇,最低限度也要有不让人觉得"哇,这个地方真令人讨厌"的清洁感。

如果是刚装修完的状态,就没什么问题,但就像菜刀放着不用,就会生锈,变得不再锋利那样,房间如果一直空关,给人的感觉也会变差。因为房间处于一直关着的状态,空气不流通,一踏进房间,就能感受到那种憋闷的气味和灰尘等。厕所和厨房里,设置有被称为"回水弯"的储水管,可以避免与下水道直接连通。如果长时间不使用,里面的水就会变干,下水道的臭气就会升上来。除此之外,如果天花板角落里结了蜘蛛网,地板上有虫子的尸体……这样的房间是绝对不会被选上的。

因此,如果空关时间久了,就需要定期打扫卫生、放水,这些水电费用根据当地政府的政策,有些地方只要申报,就可以签订不收基本费用,而是用多少付多少的合同(虽然会比交基本费用的合同要贵上一些)。

有些房东会中断电力合同,最好还是别这么做。 在寒冷地区,为了不让水管结冰,会使用电热丝加热,一旦电力中断,设备停止运作,水管就会破裂,几乎可以说一定会发生漏水事故。即使不是在寒冷地区,带客户看房的时间也不一定是白天。有时因为工作的原因对方晚到了,又或者是下雨天,在这样的情况下,带客户参观房间时,房间是否处于明亮状态给人的第一印象会大不相同。本来就是没人住的房间,也不会花多少电费,因此这项支出就当作应该支付的必要经费。东京电力公司有一个名为"面向房地产管理的电力申请 Web"的网站,不用费什么工夫就可以在网上签订"从 × 月 × 日到 × 月 × 日"的电力使用合同。

很多房东会在房间里准备好客户看房时要穿的拖鞋,但是有些房地产中介在带人看完房之后,拖鞋都没有摆放整齐,丢得乱七八糟的,这反而会给下一个看房的客户留下不好的印象。因此也需要留心对方是不是一个做事稳妥的中介。

79. 把租金降到比市场价低一成

房子的魅力不仅仅在于它干净整洁的外表和完善的设备，还在于其便宜的房租。

适当降低房租的效果是立竿见影的。虽然在装修上多费点心思，房租就能定得更高，这确实是个不错的经营手段。如果把房租降到低于市场价，就可以早日找到房客入住，这也不失为一个优秀的经营策略。另外，也别忘了，每次房客退租都会产生装修费和广告费。房客在同等条件下找不到如此便宜的房间，所以没什么特殊情况的话，就算合同到期，对方搬走的可能性也就降低了。

如果房子处于市中心，因为那里有很多人在找房子，即使房租高于行情价，不少人还是想租那种较为华丽的房子，所以房租是否便宜不是首要考虑因素，反倒是郊外的便宜的房子更容易租出去。就算花大力气装修改造，提高了房租，但对房客来说负担也加重了，如果房客没住多久就搬走了，那就本末倒置了。如果不能和周边的房子拉开太大差距，不如下定决心用较低的租金来提高房子吸引力，这才是上策。

但也别盲目降低房租。因为我也当过卖家，所以我觉得从长远来看，由于房租降低，出售时的"假定房租收入（即房屋表面收益率）"也会下降，从而导致房子售价也有下降的风险。

有时也用不着降低房租本身，而是可以通过免费出借家用物品、免除押金和礼金、免除房客付给房地产中介的中介手续费等手段实现。中介手续费可以暗中由房东代房客支付。另外，**将水、电、煤气费等费用包含在管理费中，由此保持房租不变的做法也是可行的。**可以让管理公司这么跟客户说，"如此这般算下来，其实就相当于是房租降了，很划算的哦"，肯定会为房子加分不少。作为最低限度的风险对冲，签订"最多是平均水电使用量的1、2倍，超过的部分要另外收取差额"这样的合同就可以放心了。

另外，即使房东自己认为租金合理，但也有可能仍旧保持着5年、10年前的行情观，没有更新。首先应该重新评估现在自己的房子与周边竞品房相比，租金是否合理。

在此基础上，如果还是得出要降低房租的结论，那这就是事业经营过程中的决策，也就只能降了。降多少还要兼顾房子的收益性，我觉得一成左右比较合理。如果房租不降低就招不到租客，说明房子的吸引力本身就不足，就需要考虑对房子进行包括大规模改造在内的彻底翻新。

80. 增加对房地产公司的 AD（广告费）投入

要想房子被房客选中，就需要房子具备足够的吸引力，而这对于带房客看房的房地产中介来说也是一样的。如果房地产中介认为这个房间"反正也不会有人选"，还没到房客实际看房选房的环节，中介就会连介绍起来都不卖力。在业界，有一种技巧，就是将客户带去看"下等马"[1]或"中等马"的房子，让客户看了觉得失望之后，再带客户去看"上等马"的房子。如果你的房子被当作"下等马"，就可能会出现"虽然中介有带客户去看过房，却一直没人租"的情况。

因此，为了招租，也要向房地产中介展示房屋的魅力，并且还得想办法让他们更有干劲，这点是非常重要的。为此，就需要增加在 AD 上的投入。

按照惯例，房地产中介在房客签订入住合同后，可以从房东那里获得以"AD"为名的报酬。**多数情况下这项报酬的金额是一个月房租，要是将报酬提高到两个月房租，可以让中介更有干劲，可以说是"胡萝卜作战"。**管理费行情是房租的 5%。

---

[1] 译者注：此说法源于"田忌赛马"的故事。

第7章 你好，租客，欢迎光临——满租经营的秘诀

如果AD报酬提高到两个月房租，收入一下子就达到了管理费的40倍，这样一来管理公司也会很卖力。

但是，增加AD投入这个策略千万别随便拿来用。因为一旦大家都这么干，就会改变以往的标准，也就是说现在AD报酬为一个月房租的行情会变成两个月的房租。这样的话，下次为了让自己的房子能够脱颖而出，恐怕就得花三个月的房租，变本加厉了。

实际上，在本书的新版（2016年）中，我也写到过，由于过度竞争，房屋空关率高的区域，比如东京都下的面向学生的房源，甚至出现了AD报酬需要两个月房租的情况。再比如札幌市内，因为供过于求，甚至更早之前就出现了对面向单身人士的房源收取三个月房租的AD报酬的情况。

虽然现在还没有演变成那样的趋势，但之后要是空关率进一步上升的话会怎么样呢？"管理公司联系说'AD要不要加到两个月房租'"，这样的事我也会时不时地从房东朋友那里听到。如果被管理公司告知"其他房东也给了"，那自己也会觉得"只给一个月的话中介就不会那么上心了吧"。

所以这个策略，要是由房东提出来的话，一定要在尽了一切努力之后还是找不到租客的情况下才行，最好也事先跟管理公司表明立场："说到底现在是特殊情况我才这么做的哦""**因为现在是淡季，是截止到×月的限定特殊奖金**"等。只要规定好期限就可以了。千万要注意别盲目助长增加AD投入的风气。

81. 动员更多人帮我们招租

为了招到租客，重要的是增加来看房的客户人数。也就是要增加介绍自己房子的人数。

在本书的初版和新版中，我介绍了以下做法，"除了和自己签约的管理公司，也可以去其他公司那里谈谈，定好报酬（奖金）委托它们也帮忙招租"，但我自己现在已经不那么做了。在偏远地区，房地产中介各自划定营业区域，基本互不来往，要是提出让其他中介帮忙招租，他们肯定不乐意。而另一边，在东京都内的中介会和周围的同行共享信息，也愿意互相介绍房源，所以我认为上述做法在东京都内还是行得通的。

能帮我们招租的也不仅限于房地产中介。我还会动员装修行业内的人，**"如果能带来房客的话，我们会支付酬劳的"**。有些房东还会告诉房客："如果你给我介绍客户，我们会给你酬劳。"也会事先告知管理公司，"即使用上面这些方式招到了房客，AD 也会照常支付"，这样就能征得它们的同意。别忘了，管理公司在招租上也是花了不少工夫和经费的。

第 7 章 你好，租客，欢迎光临——满租经营的秘诀

82. 带家具的房子可以降低招租难度

即使在入住率较差的地区，我听说 Leopalace21[1]（日本的一家连锁房屋租赁公司）的房屋出租也依然经营得不错。究其原因，是带家具招租。其出租的房子里床、被子、电视机、冰箱、微波炉、洗衣机、空调等都很齐全，几乎可以拎包入住，对于第一次独自生活、没带什么行李、不会在新生活的起步阶段花费太多钱、单身赴任的人来说是很方便的。

不过，虽然这个做法效果不错，但也要知道这么做是很烧钱的。被褥、电饭煲就不用说了，就连微波炉、冰箱、洗衣机这些设备，也会被那些"讨厌别人用过的东西"的人嫌弃。要是全用新的设备备齐的话，成本就会很高。另外，退房时还要更换掉旧的设备，还得把旧的设备都扔了，也需要花很大功夫。**有时比起这种做法，还是降低房租比较划算。**

---

1 译者注：株式会社レオパレス21，译称 Leopalace21 股份有限公司。Leopalace21 是日本最大房屋出租公司之一。根据 2018 年"住房和土地统计调查"（总务省统计局），日本约 1900 万间出租房中，面积在 29 平方米以下的出租房大约有 540 万套，以此数字计算，在竞争类（29 平方米及以下出租房），该公司提供约 56 万套单位，市占率为 10.3%，可以说是日本最大的私营房屋出租公司。1973 年创业，2004 年在东京证券交易所第一部上市，股票代码：8848。目前管理 561231 户租客，员工数量为 3991 人，营业额为 4064 亿日元（2023 年 3 月末时点）。

另外，如果不管三七二十一把家具备齐了，那些自带家具的房客反而不会选择。尤其是家庭住户，大多数人都有心仪的家具、用惯了的设备。实际上，我担心房客搬家太辛苦，就给房子备了个大冰箱，结果后面房客决定入住后，有一大半的人表示"不需要冰箱"。虽然是一套有储物空间的房子，但冰箱放在那里也很麻烦，最后一直放在那里吃灰，拿来卖也很麻烦，最后扔掉了。这种做法可能更适合面向单身人士的房子。

所以你可以就给出一个单子，**"入住者可以从冰箱、洗衣机、大尺寸液晶电视中选一个免费赠送"**。不清楚这个做法的效果如何，虽然我自己没有这么做，但我觉得如果刚好对上房客需求的话，应该是很加分的。

实际上，我并没有装上大件的家具和家电，**只是在客户看房前将照明器具和窗帘装好**。客户看房的时候，房间处于明亮的状态给人的印象会更好。而且，房间也不都是光照充足，下雨天和晚上也会有人来看房，所以在 6 个榻榻米大小的房间里装上了像 8 个榻榻米大小的房间用的那种功率和流明（LED 的光通量）的灯具。

窗帘在窗外就是邻居家的情况下可以起到遮蔽作用，还能防止地板晒伤，消除空关带来的萧条感。这些我都会在家装中心等大减价的时候一起买下来。只是照明器具和窗帘的话，每个房间花费不到 1 万日元，还是建议这么做。

第 7 章 你好，租客，欢迎光临——满租经营的秘诀

最近，百叶窗比窗帘更受欢迎。**宜家的百叶窗**，乍一看非常时髦，价格也就 499 日元左右，非常便宜。另外，一边折叠布料一边使之上下移动的**罗马百叶窗**也很有高级感，可以让客户对房子的印象更好。虽然之前有房客对我放的冰箱有意见，但还从来没有人对我装的窗帘有什么不满，所以在这方面还是希望在尽可能不花钱的情况下取得更好的效果。

宜家的百叶窗"胡提斯"

宜家的罗马百叶窗。根据尺寸不同，2000 日元左右起

83. 签合同时，原则上要通过保证公司

租赁经营绝对要避免房租拖欠，而保证公司能通过垫付房租替房东承担房租拖欠、房客跑路等风险，为房东提供强有力的后盾。

按照行情，担保两年只需收取一个月房租 50% 左右的费用。至于这个价格是贵还是便宜，我认为这是因人而异的，但对于房东来说，这是必买的服务。

原则上我只让能和保证公司签订房租担保合同的租客入住。因为我曾经在没有通过保证公司的情况下，遇到过 3 次租客跑路的情况，属于吃一堑长一智了。

租客跑路了的话，为了解决问题，就需要其家人和连带保证人的协助配合。但是如果得不到他们的协助，就需要借助法院的力量，比如解除租赁合同、腾房（清理遗留物品）、索要未付租金等。收集证据和办理法律手续也很费事，房客遗留物品的保管和处理费用也是房东自掏腰包（如果后面找到了本人，也可以向其索赔）。

房客跑路固然可怕，但对方一边拖欠房租一边赖着不走的情况是最糟糕的。一旦签订合同，房客就拥有继续住下去的权利，以往判例也是要拖欠房租半年左右才能将其赶走。虽然最

第 7 章 你好，租客，欢迎光临——满租经营的秘诀

后还是会以提起讼诉、采取强制执行等措施解决，但其间费时费力费钱，造成的精神负担也很大。

保证公司的业务范围涵盖了垫付拖欠的房租、腾房诉讼、清理遗留物品等，有些保证公司还会支付恢复原状费用。当然，这对于房租保证公司来说也是一种风险，所以需要进行独立审查，一旦判定该入住者风险性较高，就会拒绝与其签订合同[1]。从房东的角度来看，拒绝入住者会带来损失，会有些肉疼，但反过来一想，专业审查人员会将那些不良入住者排除在外，也相当于防患于未然了。实际上，"这个房客看上去不太老实"，如果管理公司的人说了这样的话，那些总让人感觉有点怪怪的房客，就算通过了保证公司的审查我也不会与其签订合同。

保证公司也不止一家，不同保证公司审查的严格程度也有差别，**如果一家保证公司不予通过，就让管理公司换一家试试。**

保证公司大多都是靠谱的，但就像序章最后提到的那样，房租保证公司也会发生倒闭等情况。这样一来，就必须重新和

---

[1] 译者注：目前在日外国人租房较为困难的主要原因就在于外国人没有信用历史记录，造成大部分保证公司都无法审核通过。个人房东即使不通过保证公司，也会因为是外国人，交流困难，而拒绝接受。

日本租赁房屋管理协会与日本国土交通省合作制定了《促进外国人租赁房间住房便捷化指南》《找房指南（14 国语言版）》《房东、房地产经营者专用外国人服务指南》《外国人专用租房入住指南》《提供外语服务的房地产门店一览》以及《外语应对标签》。这些资料可以在 https://www.jpm.jp/foreign/zh/ 下载，对外国人在租赁民间住房时，从入住前到退房所需的信息、说明及签订合同等场合会用到的常用文件格式等进行了汇总。

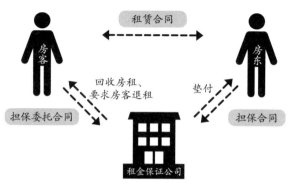

租金保证公司的运作体系

其他房租保证公司签订合同,费用也有可能会增加。

不过,由经济不景气导致拖欠房租或者租客跑路情况的增加,从而直接导致房租保证公司倒闭的案例很少。原本所谓的保证公司很多都是房屋建筑公司和开发公司(公寓建设、城市开发)的一个部门,因主营业务业绩恶化、投资其他事业导致资金周转恶化而破产的案例很多。即使是在新冠肺炎疫情期间,那些根基稳固的大公司也没有倒闭,现在信贷公司也开始涉足房租担保业务,一些实力较为雄厚的公司(它们可以利用客户信贷历史审查等手段)也在增加。

因此我认为今后担保费不会突然暴涨,保证公司这一体系本身也不会消失。通过管理公司来经营的房东很少会在意用的是哪家保证公司,但自主管理的房东还是建议要认真选择。

第 7 章 你好，租客，欢迎光临——满租经营的秘诀

84. 通过定期房屋租赁合同对付不良租客

除了拖欠房租和赖着不走的房客，对于房东来说，还有一些房客是不希望他们继续住下去的。比如不管是白天还是半夜都吵吵闹闹、发出奇怪声音的房客，还有把垃圾堆在房间里导致周围一股异味的房客……这样的房客不管付多少房租，如果因为他的原因，导致其他房客都跑了，那就得不偿失了。

一般的入住合同叫"**普通房屋租赁合同**"，合同期限通常是两年。只要房客愿意，合同就会自动续签，除非有充分的理由，不然房东是无法拒绝其续签的。即使房客交不起续签费也会被视为法定续签，只要交了房租就可以继续住下去，事实上也真的有房客钻过这个空子。只要入住者一方没有犯诸如拖欠半年以上房租这样的过错，在合同期内是不能强行让他搬出去的。

一般的入住合同中，房客的权利是非常大的，房东则处于弱势地位。听说这是当年为了保护在战争时期被烧毁家园的人，以及因家里主要劳动力参军导致生活困难的国民而采取的补救措施。

因此，我想在本节谈谈在战争年代过去很久以后的2000年才开始实行的"**定期房屋租赁合同**"制度。

顾名思义，该制度就是签订一种有规定期限的租赁合同。如果是签订两年的合同，定期房屋租赁合同看起来就和普通房

屋租赁合同一样，但如果两年后继续居住，普通房屋租赁合同是"续约"，而定期房屋租赁合同则是"重新签约"，如果没有房东和租客的一致同意，合同是无法签订的。也就是说，对于那些希望他们搬走的房客，房东不同意"重新签约"也是可以的，这对房东来说是一大优点。

可以给入住者附加一个特约事项："如果没有问题，就重新签约。"定期房屋租赁合同中房租会稍微便宜些，并且不存在更新，所以也不需要交更新料，这一点对房客来说也比较好。原本管理公司可以得到更新料的一半费用，这部分也可以根据情况由房东补贴。另外，房租保证公司对于这种合同的处理方式，分为当作通常的合同更新处理和当作新签合同处理。后者每两年要交一次新签合同费，所以我觉得可以从一开始就"让房客承担房租担保费"，也可以由房东承担。

另外，签订定期房屋租赁合同还有一些隐藏技巧。如果是一年以上的合同，房东有义务提前半年到一年（通知期）通知房客合同终止日期，反过来说，最起码这半年时间里是不能赶房客走的。但是，**如果把这个合同期限规定为不满1年的364天，那么即使房东没有通知，在合同到期的同时，房客也会被要求立即搬离。** 提前算好恢复原状费用，把预先支付清理费也写入合同，就比较放心了。这样一来，即使是好几家房租保证公司的审查都没有通过的房客，他想入住的话，也可以有效应对了。

第7章 你好，租客，欢迎光临——满租经营的秘诀

定期房屋租赁合同对管理公司来说会很费工夫。

在本书初版发行的时候，我预想到定期房屋租赁合同会越来越多，而在新版中，也说到过定期房屋租赁合同确实是越来越多了。至于现在如何了，虽然我周围也有房东在用，但我觉得离大范围普及还差得很远。在房地产中介店头的房源信息中，"计划××年后重建"或者"因为工作调动房子会长期空关"，用到定期房屋租赁合同的几乎都是这样的情况（也许这些才是原本定期房屋租赁合同适用的情况）。我自己在惠比寿出租中的原自住宅兼事务所，是作为我离开美国回日本时的风险对冲，因此用的是定期房屋租赁合同，但其他房子用的就不是定期房屋租赁合同了。

这是因为和初版发行时一样，管理公司对定期房屋租赁合同的态度不太积极。基本上，它们都有一种固定观念："因为定期房屋租赁合同对入住者来说是不利的，所以不可能被接受。"出于这种情绪，再加上定期房屋租赁合同是特殊合同，所以管理公司有义务用书面的形式对其进行详细说明，这点也就格外让它们倍感负担了。

另外，如果是1年以上的合同，在至少半年的通知期内，管理公司有义务通知房客因合同期满而终止租赁，这也是一件麻烦事，所以它们也不太愿意背上这项责任。一言以蔽之，签订定期房屋租赁合同，对管理公司来说不仅得不到任何好处，

还需要多费工夫以及承担相应责任，它们会嫌麻烦也是情理之中的事。

因此，我认为应该努力说服不看好定期房屋租赁合同的管理公司。因为通过管理公司与房客的面谈和房租保证公司的审查，可以在一定程度上避开不良入住者。而且，要是对方赖着不走的话，就算定期房屋租赁合同有"可以将其驱离的法律依据"，但真要赶人家走，也不会比一般合同轻松多少。因此，自己要时刻记得"这些多样的合同形式"，如果管理公司表示"这个房客给人的感觉不太好，用定期房屋租赁合同吧"，到那时就可以顺理成章地拿出来用了。

定期房屋租赁合同的优点、缺点

优点	缺点
在合同到期至少6个月前，通知过房客就可视为合同终止。未满一年的合同不需要通知终止日期	由于合同不能视作自动更新，续约时需要重新签订合同
房东和房客达成一致意见的话，就可以重新签订合同，相当于续签了租赁合同	房客对定期房屋租赁合同制度的认知度不高，如果对方不能理解合同的相关约定的话，这个合同也是无法签订的[1]
可以不与不良租客再次签订合同，为优质租客提供宜居环境	很多中介对定期房屋租赁合同制度的态度不太积极，这在招租上会十分不利

---

1 译者注：日本法律规定，房地产经纪人必须要帮助租客充分理解合同的意思才能够签订合同，房地产经纪人作为专业人士是不会冒险把合同签下来的，这属于违法的行为。

第7章 你好,租客,欢迎光临——满租经营的秘诀

85. 双刃剑！初期费用全部为零方案

  本节将向大家介绍从我的一位房地产中介朋友那儿听来的秘诀——"零元入住方案",这位朋友曾在入住率极低的区域达成了惊人的高入住率。

  这是一项"将租客入住时支付的费用彻底清零"的战术。"零押金礼金"是比较常见的,但除当月房租外,还要缴纳火灾保险(2万日元左右)、房租保证公司的担保费(月租金的50%)、中介手续费(月租金1个月)、合同事务手续费(1万日元左右),以及换锁的费用(1万～2万日元)和退租时的房屋清理费(2万～3万日元)。假设房租是4万日元,总计需花费18万日元左右,这是一笔很大的开销。

  如果这些费用全部由房东承担,房客只要付得起搬家费用和当前的生活费就可以搬过来入住。如果房客到了需要更新合同的时候,发现搬走甚至可能比支付合同更新费更便宜,再加上他刚好也对现在的房间有所不满,这样一来他就很难不心动。

  另外,吃到这些免费红利而搬来的房客,在下次搬家的时候,就会变得舍不得再支付上述费用。也就是说,他们大概率会选择继续住下去。这样的话,不需要进行退租后的恢

复原状[1]和二次招租了，对于房东来说，成本也会降低不少。

假如房租为 4 万日元，房东需要承担的费用为除去当月房租后的 14 万日元左右，这些成本也可以和管理公司协商后进一步压缩。我的一个朋友和管理公司协商后，让其免除了合同事务手续费和换锁费用。如果房租在 10 万日元左右，控制好装修改造费用，应用"将初期费用全部清零"的方案，可能成效比会更高。

另外，应用这项方案的时候，即使提高房租也不会影响招租。当然最好能便宜点，不过就算涨一成左右，付得起 4 万日元房租的人也不会付不起 4.4 万日元。就算为了提高房租装修改造了一番，把 4 万日元的房租提高到 4.4 万日元，一年大约能收回 5 万日元的改造成本，如果房客能长期住下去，肯定能有盈余。

解约罚款加房租担保……提前备好化解风险的"保险"。

实际应用这个方案的时候需注意，首先半年以内的解约应

---

[1] 译者注：什么是"恢复原状"？租赁合同中的"恢复原状"是指承租人故意或过失，或者由于承租人不按规定使用房屋而对出租房屋造成的划痕、污渍（损坏）等。正常来说租赁合同终止后，承租人有义务将租赁房屋恢复原状。但是，对于非承租人责任的损坏、正常使用中发生的磨损（正常磨损）以及随着时间的推移发生的磨损（随时间变化），没有义务将财产恢复到原始状态。
租赁合同通常是长期的，当搬出时，将财产恢复到原来的状态是一个问题，距离合同签订已经过去了相当长的时间，因此，如果没有记录显示入住时的状况，可能很难客观地确定所涉及的损坏是由于正常磨损还是随着时间的推移而造成的。大多数与财产恢复原状相关的问题发生在承租人对房东（包括房东、管理公司等）提出的修缮范围和金额不满意时。租户和房东之间关于将财产恢复到原来状态的费用分摊根据每个合同的条款和出租房屋的状况而有所不同，因此很容易出现问题。

第7章 你好，租客，欢迎光临——满租经营的秘诀

该处以罚款。合同中须规定，如果违规解约，要求房客支付房东代为承担的费用作为违约金。另外火灾保险的参保方式也有讲究。因为通常是房客自己参保，所以合同上投保人和被保险人都是房客，而我们可以将其改为"由房东作为投保人，房客作为被保险人"。从房客入住的第二年开始，再将合同恢复成正常合同，保险金也由房客承担。并且，房租保证公司的更新费也做明文规定："入住时的参保费用由房东承担，之后则由房客承担。"说到底是"入住时的费用"全部为零的服务，合同更新时的费用由入住者承担也算不上是欺诈。这些都要在签订合同时作为特约事项加以说明，同时在另一份文件上详细记述，并且盖上印章。

如果需要更多保障措施，建议签订"**364天以下定期房屋租赁合同**"。严格地说，要是让"存不下搬家费用，没有计划性的人"入住，拖欠房租和跑路等风险必然会变高。应与管理公司合作，充分利用好定期房屋租赁合同的优势。

不过，告诉我这些的房地产中介也说过："我只承诺绝对会保证满租，但不负责管理。"这也证明入住者的质量确实会下降，也确实存在房客跑路等情况。所以说这是一把双刃剑，但如果能通过房租保证公司和定期房屋租赁合同来对冲风险，并且房租涨一成还能满租经营的话，对于那些因空关而烦恼的人来说，与其继续坐等，该方案还是有值得一试的价值的。

86. 房东亲自在互联网上招租

互联网提供的服务一年比一年多，也越来越便捷。本书初版发行的时候，网上基本上没有提供让房东自己招租的服务。新版中介绍过由2012年开始的叫作"房产评论！"[1]的网站，这次可以介绍更多的网站和服务了。

我想房东在招租方面时常感到的不满，是管理公司不够用心。对于房东来说，这是自己的重要房产，所以希望管理公司"好好地展示其优点"，但对有很多房产需要管理的管理公司来说，往往会采取一刀切的方式。如果由房东自己来做这些工作，就可以更加细致直接地展示出自己房子的优点了。

在利用网站之前，需要先与管理公司进行协调。因为是房东自己招租招来的房客，房东要是因此表示"不交中介手续费、不交AD费"的话，房东和管理公司的关系可能会闹僵。管理

---

[1] 译者注：官网显示，运营公司为株式会社ウチコミ。公司成立于2012年7月25日，资本金25000000日元。业务内容：互联网媒体业务、房地产平台业务（网址 https://uchicomi.com）。平台主打的卖点是"直接与房东联系，没有中介费"。

第 7 章 你好，租客，欢迎光临——满租经营的秘诀

公司这边也是做了销售图面[1]和广告，交了刊登费把房子信息上传到了房源介绍网站上。另外，考虑到自己准备这些东西也要费不少工夫，照片和图面最好找管理公司索要再登载到网站上，押金和礼金等招租条件，申请书的形式和是否通过保证公司等事项也需要遵守管理公司的规则。

所以事先就要定好规则，比如"如果是自己招来的房客，房东只向管理公司支付 AD 费"。这和其他招租中介带来房客的情况是一样的，所以对管理公司来说应该也不是一件坏事。

房东可自行招租网站一览

网站名称	URL	特征
房产评论	https://uchicomi.com/	房东可以直接自行招租。所有房源都是免中介手续费的租房信息网站
ECHOES	https://s-echoes.jp/	提供由房东自行编辑房源信息，并登载到大型门户网站的服务
房东直招	https://casa-yd.jp/	提供房租担保、代收代付、孤独死保险一条龙房东自主管理服务
ジモティ	https://jmty.jp/	也可以从"房地产"类别→全国的"房东直招"进行招租
ヤフオク	https://auctions.yahoo.co.jp/	也可以从"其他"类别→"信息"招租

---

[1] 译者注：什么是"销售图面"？在日本房地产行业，它们也被称为"广告纸"或"图面"。这些是在房地产经纪人那里经常看到的 A4 大小的文件。图面制作能力是对"房东经纪人"能力的考验。总体看起来，这张"图"是日式的、紧凑的，而且简单易懂。能否准确传达信息也考验图面创作者的能力。销售图面大致分为以下主要要素。1. 房屋平面图是房产信息的核心部分。2. 口号表示待售房产的卖点（sell point）。一般情况下，日本房地产行业的共识是："这里不会写谎言，但也不会写缺点。"3. 房屋属性说明、房产概览包含有关待售房产的基本数据。根据法律或公平贸易法规，必须描述的缺点将在概述的注释中进行描述。

87. 生活低保户也可列为入住对象

根据房子的情况，也可以积极地将低保户列为入住对象。

提供给低保户的生活补助除生活费和医疗费外，还会另外支付房租。你可能会担心其拖欠房租等问题，但就算是低保户，让他们和房租保证公司签约也不是不可能的。如果没有钱交房租保证费用，可以由房东来支付。听说我的一个朋友的出租房经由社会福利事务所的工作人员介绍，成了提供给生活低保户的住所，即使偶有空关也会很快住满。很多房东对此持有偏见，因而不接受生活低保户入住，但正因如此，才要"在细分市场取胜"，这显然是个不错的选择。

住房补助根据自治体的不同而有所不同，只要跟自治体的社会福利部分确认一下就知道了。如果住房补助规定每月不超过5万日元，那么即使生活低保户住在房租4万日元的房间里，剩下的1万日元也不会落到他的口袋。这样的话，"不住5万日元的房间就吃亏了"，会这么想也是人之常情。

因此，在让生活低保户入住的时候，要设定包含共益费在内的房租尽可能接近住房补助的上限（共益费不属于补贴范畴，所以要包含在房租内）。不过，因为该房间肯定也存在行情价，所以一般会考虑那些房租与规定的住房补助相近的房子。

第7章 你好,租客,欢迎光临——满租经营的秘诀

通常情况下,政府是不负责给低保户找住处的,但也可以拜托它们帮忙介绍自己的房子,我有个朋友就是这么干的,所以如果有兴趣的话,也可以去社会援助部门[1]转转,将自己有合适住房的信息告知本地社会福利部门,并与其社工聊一聊。

虽然我的房子也接收低保户,但至今都没有发生过拖欠房租的情况。每个月房客都会按时支付房租,而且一旦被发现将政府补助的房租用在他处,低保户的生活补助就会被终止,这点确实很有威慑力。根据自治体的不同,有些地方如果和政府协商的话,可以把低保户的住房补助单独拿出来,直接打给房东。虽然需要从本人那里拿到委托证明等多少有些麻烦,但这样一来,即使不通过房租保证公司也可以确保房租按时进账。

在如今这样的时代,比起那些收入不怎么样的上班族,每月可以从自治体那里拿到房租的低保户或许更可靠。虽然退租时的恢复原状费不在政府补助范畴内,但可以用押金抵扣,明确了这些要点之后,我强烈建议大家考虑一下这条路子。

---

1 译者注:在日本称作个案工作者(社会工作者),工作是为日常生活中遇到困难的人们提供咨询。在许多工作场所,社会工作者以外的名字很常见,例如"家庭顾问""生活顾问"和"社会福利官"。根据对象的具体情况,与相关组织合作,提供富有同情心的支持。虽然没有具体的定义,但社会工作者是在福利机构中提供咨询工作的人员的总称。个案工作者也是社会工作者的一种。近年来,也出现了将注册社会工作者、注册心理健康师等国家资格人员称为社会工作者的情况。社会工作者在医院、老人机构、儿童辅导中心和政府机构等机构工作。个案工作者主要在公共福利机构工作。

88. 也可以积极地将外国人列为入住对象

正处于人口减少阶段的日本，由于劳动人口不足，必须依靠移民才能维持国力。本书推出新版的 2016 年，当时政府提出"30 万留学生"计划，这一目标在 2019 年实现了。虽然 2020 年留学生人数因新冠肺炎疫情减少到约 28 万人，但随着新冠肺炎疫苗的普及，预计留学生人数还是会增加的。

顺便提一下，日本国内的外国人数量从 1999 年末的 165 万人，到 2019 年末的 293 万人，20 年间增加了约 130 万人。而另一边，美国的外国人数量正以每年 200 万人的速度增加，这也恰恰体现了国与国之间在发展势头上的差距。

因此我认为，必须想些办法积极地将这些外国人也列为招租对象。也许是因为存在些许偏见，又或许是因为现实中确实碰到过相当大的麻烦，还是有很多房东"谢绝外国人入住"，但是对新入行的房东们来说，这恰恰是个良机。

关于外国人房客，常听到一些不太好的案例，比如有些租客经常做一些费油的料理，导致厨房周围很脏；还有一些租客不遵守垃圾分类规则、不记倒垃圾的日子，甚至把油倒进排水口；等等。

第 7 章　你好，租客，欢迎光临——满租经营的秘诀

不过，这在很大程度上也是语言不通和文化差异造成的，所以如果管理公司能够好好指导，应该不会有太大的麻烦。话虽如此，作为房东也不能"那么负责人万事就拜托了"，全推给别人做。毕竟提供给外国人的房间是自己的财产，万一被拿去乱搞一通，最后倒霉的还是自己。

可以自己制作一份希望房客最低限度要遵守的注意事项，然后贴在房间里，这种做法也是很有效的。无论是葡萄牙语、西班牙语还是越南语，注意事项都可以利用翻译网站翻译，应该不需要费什么工夫就能搞定。文章也不需要很讲究，尽量用简洁的语言，分条写也可以。如果能塑封一下就更好了。

如果还是不放心，可以利用专门的外国保证公司。 本书新版中介绍的 Global Trust Networks（GTN）公司是一家老牌公司，专门给外国人介绍租赁房屋，租房时也提供连带担保人业务。随着事业的逐年扩大，本书新版发行时该公司可以受理的语种从 16 国增加到了 160 国。租金保证最多持续 48 个月，担保费最开始会收取租金的 50%（最低担保费为 2 万日元），以后每年收取 1 万日元。

值得一提的是，**除房租保证业务之外，作为配套服务，生活纠纷等也会派懂房客所用语种的负责人跟进**。据 GTN 的后藤裕幸社长说，"细细制定好规则，并用他们的语言礼貌地接待他们，到现在为止都不曾出现过什么大麻烦"。就算是租给日

本人，也会通过房租保证公司，并且担保费用也不会相差很多，确实会放心很多。

听我的一位在群马有房产的朋友说，他那里"入住者是巴西人和日本人各占一半，但3年来3起房客跑路的案例都是日本房客"。也就说是日本房客也并不一定能让人放心。而且，我在美国也是少数族裔的身份，明白如果违反了那个国家的规则和法律，我的立场就会变得危险，所以反而会更加遵纪守法。

就像日本不依靠移民就无法维持国力一样，今后不接纳外国人就无法经营出租房的可能性是非常大的。可能有些管理公司不愿意接手这类出租房，那就换个管理公司。将目光放长远，并及时采取应对措施，这也是作为经营者的重要素养。

第7章 你好，租客，欢迎光临——满租经营的秘诀

89. 民宿重开！"Airbnb"的活用方法

所谓"民宿"，是指利用整个住宅或住宅的一部分提供住宿服务，以前是被《旅馆业法》等法规禁止的，2018年6月在日本全国范围内正式解禁。

"Airbnb（爱彼迎）"[1]则是为这类民宿行业提供房东和房客对接服务的大型网站。房东在网站上登载空房，房客在网站上检索可以入住的房间。房东不需要缴纳注册费，一旦房客确定入住，Airbnb会代房东收取费用，**并收取房东住宿费的3%（也会从房客那边另外收取6%~12%）作为手续费。**Airbnb的总部位于美国旧金山，在日本也有几家代运营公司负责布草服务、钥匙交接、清扫、住宿手册制作、客服咨询等。

这类民宿需要获取管辖区省厅政府或地方政府的认证，而且作为住宿设施，**床上用品、电冰箱、洗衣机、桌子、微波炉、电水壶、咖啡机、玻璃杯和杯子等最低限度的家具、家电和生活用品，以及WiFi都必须准备好。**另外，因为主要住宿人群是外国客人，所以需要用各国的语言制作住宿手册和注意事项，并公示出来。

---

1 译者注：爱彼迎在疫情期间因业务量断崖式下跌，对房东服务的板块全面退出中国市场，详情请参考与飞龙老师合著的《民宿赚钱的秘密》（繁体中文版，CHINESE PUBLISHING HOUSE INC 于 2024 年 12 月出版）。

有人可能会担心客人损坏房子或设备，Airbnb 将对全部订单实行"平台保障"，最高可获得 100 万美元的财物赔偿。

2016 年，我的一位朋友在东京都内某车站旁边，将月租金行情价 14 万日元左右的区分公寓作为民宿经营，入住率接近 100%，月营收达到 40 万日元。再向代运营公司支付营收的 10%~30%（有些地方需要另外支付清扫费）。这部分费用根据情况的不同会有很大差别，比如委托代运营公司哪些业务，以及房子位置好、处于营收较高区域的话，和代运营公司的合同也可能会相对便宜些。

实际运营中也听到过很多麻烦事。比如分让公寓[1]做民宿的话，其他住户会因为"不认识的人轮番进出而感到不快"，进而发起投诉，也有可能会出现民宿客人违反公寓管理规章的情况。另外，房子选址相当重要，如果不是在市中心等交通便利的地方，也不是在偏远地区游客较多、靠近车站的地方，要做民宿还是有一定难度的，**所以如果你在地理位置较好的地方恰好有一户建或独栋出租房的话，民宿这块还是很有前景的。**

值得一提的是，在新冠肺炎疫情后，旅游业和餐饮业也正在慢慢恢复，Airbnb 是一家发展前景大好的公司，现在虽然还处于"民宿完全发展不起来"的低谷期，但还是很期待它有朝一日能够重开，蓬勃发展起来。

---

[1] 译者注："分让"是"分割转让"一词的缩写。之所以称为"分让公寓"，是因为整栋公寓大楼被分成单独的单元并出售。通常，当日本普通人购买公寓时，只会购买单个公寓单元，除非是专业房地产投资者，否则不会购买整栋建筑。

第 8 章

租客入住后,注意把控运营风险

90. 牢牢把控费用支出

在今后经营租赁房地产的几十年里，希望大家谨记一件事。那就是"在经营租赁房地产的过程中有些钱是不能省的，而且需要预先在一定程度上对这些经费支出有准确的把握，并制订收支计划"。

经费除管理费和贷款利率额以外还有以下几项。

· 固定资产税、城市计划税（俗称：固都税）、事业税；

· 给予房地产交易经纪人的中介手续费和 AD（广告费）；

· 包括原状恢复在内的修理费和装修改造费；

· 大规模修缮费（屋顶、外墙等）；

· 供水排水、电气、燃气设施等费用；

· 火灾保险费、地震保险费；

· 定期清扫费（公共区域、外沟、自行车停放处与停车位的清扫等）；

· 消防设备等的法定检查、报告、维护等费用。

关于这些经费我们之前也反复提到过，相信大家都很清楚。

根据地方政府的不同，**税金相关费用**也会有变化，详细的计算方法等请自行查阅。

AD（广告费）基本上相当于 1 个月的房租，但也有地区需支付 2~3 个月的房租。

也别忘了，**房客退租时的装修费**是与房客居住的时间成正比的，因此有时也是一笔大开销。与单身人士相比，面向家庭住户的房子对设备质量的要求更高，门窗的数量更多，墙壁的总面积也更大，如果房子面积翻倍，装修费用也会增加一倍以上。

大规模修缮费，比如外墙的修补、涂装，屋顶防水，屋顶等的改造工程，需要每隔 15 年或 20 年集中搞一遍，这类费用需要提前每个月存一点慢慢准备好。特别是用来保持房屋的美观性和防水能力的涂装，是一项成效比很高的投资。购买房屋的时候，如果搞不清楚房子是否重新涂装过，就需要仔细调查清楚房屋状态，尽早做好应对措施。

此外，**由于供水管、排水管、燃气管等生命线的老化而需要重新铺设的工程（更新工程）和修复延长使用寿命工程（再生工程）**将是一笔庞大的开销。管道一旦老化，根据所用材质的不同，里面可能会生锈，造成堵塞，严重的话甚至会破裂。

我的一个房东朋友，有一套房龄不到 20 年，但空关了将近 10 年的房子。听说后面终于有房客入住后，一通水，管道就破了，导致楼下都被水淹了。楼下的房间还是个办公室，当时电脑都进水坏掉了，要求我朋友赔偿 200 万～300 万日元（这事发生的时间比本书初版发行的时间还要更早，当时电脑还是很贵的）。

所幸赔款全部用保险费付清了，最后楼下的办公室住户也退租了，给了我朋友不小的打击。另外，如果是以前的白煤气管（镀锌钢管），时间一久煤气泄漏的风险就会变大，所以这类管道更新、再生工程的费用是绝对不能省的。

火灾保险最长可保 10 年，**地震保险**最多只能保 5 年。虽说长期投保是划算的，但是需要在合同更新时一次性付清保费。

有的管理公司会将**定期清扫费**包含在管理费里，有的管理公司会根据实际情况另外收取。另外收取费用的公司更多些，为了压低这部分成本，有些房东也会自行安排人手。如果与老年人再就业中心签约，收费跟地区也有关系，有些地区 1 小时 1000 日元左右。脏兮兮的房屋、凌乱的信箱、杂乱的垃圾堆放处，都会降低住户的满意度，也会给来看房的人留下不好的印象。委托老年人再就业中心一周打扫 1 次，每次 2 小时，一个月就是 4 次，每个月花费 8000 日元，这些支出还是需要的。如果租赁房屋离自家近，有些房东也会亲自去打扫卫生。

此外，老房子的卧室和厨房可能没有安装住宅火灾报警器。根据 2011 年的消防法，安装火灾报警器是房东的义务，虽然没有说明有什么惩罚，但是为了入住者的安全，一定要安装好。

另外，即使在市中心，如今也变得很难收到**押金、礼金、更新费**，所以制定收支计划的时候就不要将这些收入算进去了。搬家当月免房租的免租房如今也不稀奇了，有时候免一个月房租的吸引力也不是很够，甚至出现了免两三个月房租的案例。如果保险费的费率上涨，或是共用部分的电费和水费上涨，都会拉低预计收支。此外 AD 也有上涨的趋势，相较 10 年前，如今预计收支中的收入面明显变差了。再过十年租金会进一步下降，现在的押金、礼金、保证金也可能在不久的将来彻底消失。

另外，押金基本上是"有返还义务的金钱"，所以不能算到收入里。这只能算是房客寄存在房东这里的东西。

91. 一些很难注意到的支出项

前文提到的费用支出只是基本经费,在经营房产的过程中还会有其他意想不到的费用支出。以下列出的费用项目,根据房屋以及房东的具体情况,有符合的,也有不符合的,仅供参考。

- 配电柜[1](高压受电设备)维护费;
- 绿植的修剪费和除草剂的喷洒费;
- 共用灯和场地内电灯的维护费用;
- 垃圾站的维护费用;
- 消防法规定的防火设备维护费用。

所谓**配电柜**,指的是在商业办公楼(即杂居公寓)等处安装的变电设备,适用于一楼有商铺的楼房。如果合同电力超过 50 kW,就会通过高压接收电力,并分配到各家各户,而检查该类电力设备需要与专业公司签订合同,每月需花费 1 万~2 万日元。

---

[1] 译者注:原文キュービクル,是接收发电厂发出的电力、进行转换和分配的设施。它接收发电厂送来的 6600 V(伏)高压电,将其变换为 100 V 或 200 V,然后分配到设施的各个部分。正式名称为"柜式高压受电设备",JIS 标准将其定义为"柜式高压受电设备(JISC 4620)"。原文キュービクル 音译自"cubicle"一词,源自"cube"一词,意思是"立方体"。它还具有"小屋""盒子"和"小空间"的含义。实际上,配电柜就是一个金属盒子,里面存放着各种设备。

如果**栽种了绿植**,就需要请花匠对其进行修剪。虽然也可以自己做,但一方面需要定期去修剪挺麻烦的,另一方面外行人也做不好。还有喷洒除草剂,如果委托别人来做,一次大概要花费 1 万日元。我有一段时间是从美国网购喷洒器,自己来干这事。

大型出租房会在场地内安装**室外灯**,如果是水银灯,光灯泡费就要 2 万日元。另外,因为安装在高处,更换的时候就必须用梯子爬上去,如果委托电器店做,灯泡费和更换费用加起来需要 3 万日元。因为是需要定期更换的耗材,如果在用场地内安装了好几处的话就是一笔庞大的支出。可以考虑把其中几处外灯换成低能耗、更耐用的 LED 灯。

如果房屋所在范围内设有**垃圾堆放处**,其相应的管理费和清扫费用可能会包含在管理公司的管理费中,也可能单独收取。如果房屋所在范围里没有设置垃圾堆放处,而是统一使用公共垃圾场,就需要注意了,因为居委会会严格监督垃圾丢弃情况,如果入住者没有遵守倒垃圾的规则,可能会被禁止继续在公共垃圾场丢垃圾,确实也有这样的案例。这样一来,就必须

我用 50 美元从美国网购了除草剂喷洒器,亲自干活

自己联系垃圾回收公司回收垃圾。垃圾回收费用视公司而定，大约是1次1户500日元，8户4000日元，如果每周1次，一年50次左右的话就是20万日元。如果在房屋范围内设置垃圾堆放处，以此向地方政府提出申请，可以免除垃圾回收费，但如果户数较少，也会被要求使用小区现有的垃圾场……即使申请通过了，垃圾堆放点的管理和清扫也总会要花钱的。请告诫入住者务必要遵守倒垃圾的规则。

其他支出还包括：

·报税费用[1]；

·居委会会费以及住宅区的基础设施（大型净化槽等）的管理维持费。

拥有房产后，即使是上班族也要自己报税。关于这一点我们会在下一页进行详细说明，如果规模小的话，自己做也不会费什么劲。但是如果是当作事业对待，并想要以后将它做大做强的话，建议那些不擅长会计和计算的人，可以请税务师。如果身边有通晓税金相关知识的人，对后续事业经营会非常有帮助。报酬根据税务师的从业年数和委托人的房产规模等而定，除结算申报单的制作费用和顾问费之外，包括代理记账费用在

---

[1] 译者注：在日本，住民要依照当地税法，根据副业收入和房地产收入等各种收入的总额（*收入＝收入-必要费用）计算需要缴纳的所得税金额，然后在当地税务局申报并缴纳所得税。

内每月需要1万～5万日元。**优秀的税务师在节税方面有着丰富的知识和技巧，也会帮忙和税务局打交道，所以即使有时对方提出的报酬高一些，也完全是值得的。**

最后，关于**居委会会费**，这项收费有些地区有，有些地区没有，在收取这项费用的地区一户每月几百日元是很正常的。但是，如果是在比较偏远、靠近乡下的地区，住宅区的净化槽、外灯、公园等有时也由居委会来管理，这样居委会会费就会很高。在我所拥有的房产中，居委会会费一年一户4万日元，有8户所以要花32万日元。这些是在我交买房钱的时候通过重要事项说明知道的，虽然最后还是哭着付了钱，但也以"房子一直没满租"为理由，交涉后让对方把居委会会费降到了18万日元。

另外，最近听一位九州的房东说，他们那里是利用小区自备的自来水设备给每户人家供水的，这位房东刚买了房子就被告知"为了升级设备，请支付数十万日元的临时征收金"，着实吓了一跳。

本来让房东一次性支付一大笔居委会会费就挺奇怪的了，不过因为会存在一些当地的惯例，所以购房时特别是在偏远地区购买房产的时候，最好还是仔细确认一下。

在购买房产之前，需要对这些账面上很难注意到的支出进行充分了解，除了用来和房东还价，也需要将其切实纳入收支计划中。

92. 有计划地设定二手房折旧分摊周期

购入房产成为房东后，每年都需要报税。

土地不会随着时间的推移而劣化，因此不包含在折旧资产中，但房屋是允许折旧的。如果是新建房，法定耐用年数就可以直接转化为折旧分摊周期，但二手房的情况较为复杂。

二手房无论房龄多长，**都可以由自己来定折旧分摊周期（即耐用年数）**。对于已超过法定耐用年数的房屋，根据简便法，最短折旧年数通常为法定耐用年数的20%，但如果能够提供相应证据，可以延长耐用年数。而且，这个设定会对后续房产经营产生一定影响。

举个案例，假设你花1300万日元买了一个房龄25年的木造房屋。这个价格如果按54%的土地和46%的房屋的比例算，房屋大约是600万日元（实际上，还要算上作为房屋购置费的中介费用以及作为资产的大规模修缮费，但为了方便理解，这里忽略不计）。

这样一来，木造房的法定耐用年数是22年，**所以房龄25年的木造房的折旧期为"22年×20%"，最短折旧期为4年。**

折旧费也算是经费，所以可以起到很大的节税作用。假设将折旧期设为最短的4年，每年可以将150万日元（即600万日元

第 8 章 租客入住后，注意把控运营风险！

÷4 年）纳入经费中。将这些"实际并没有花出去的经费"计算在内，最终就会很容易在房地产收入上收获赤字，因为还可以和公司职员的工资等进行盈亏通算，所以可以达到很好的节税效果，但是如果没有制定好关于折旧期的策略，那么一旦出售房产，就会面临一些问题。

假设你在五年后卖掉了这套房子。因为这期间你把房子由空关状态呈 V 字形恢复到了接近满租状态，所以能以 1700 万日元的价格卖出去，比买入时高了不少。赚了 400 万日元真不错……看起来似乎是这样的，但实际上并没有那么简单，这就是房地产比较复杂的地方了。

出售房地产要缴纳手续费和让渡所得税（房产为个人所有时）等。这个让渡所得税相当高，购买后不满 5 年的短期让渡（出售）要收取 39%，5 年以上（让渡当年 1 月 1 日至今持有房产时间超过 5 年）的长期让渡也要收取 20%（本来还要缴纳 2.1% 的特别复兴税，这里为了方便说明将此处省略）。

"哇，1700 万日元的 20%，也就是 340 万日元！这么高的税我还有什么赚头！"有这种想法的人请冷静下来。**让渡所得税的课税对象并不是房产交易价格，而是其中产生的利润**。"那么，房子的买入价是 1300 万日元，而售价是 1700 万日元，所以利润是 400 万日元，让渡所得税额就是 80 万日元。"但其实严格意义上来说也不是这样算的。

在这种情况下，由于折旧已经在第 4 年结束，因此房子的账面价值几乎为零（严格来说有这么一个规则，就是房子折旧期结束后，账面价值定为 1 日元，但为了方便说明此处忽略不计）。也就是说，房产的账面价格只剩下土地部分的 700 万日元（1300 万日元剩余的 54%）。那么簿记上卖出收益的计算如下。

1700 万日元（售价）–700 万日元（土地）– 0 日元（房屋）=1000 万日元。

此外，作为买卖过程中的经费，还要收取以下费用：

· 中介手续费是交易额（1700 万日元）的 3%+6 万日元和消费税（参考第 179 页）；

· 印花税 1 万日元（适用减免税）；

· 抵押权注销登记 2 万～3 万日元（司法书士报酬）；

· 让渡所得的税务师报酬等，合计花费 75 万日元。

从卖出收益的 1000 万日元减去 75 万日元的经费，还剩下 925 万日元。让渡所得税额是除去这些经费后利润的 2 成，即 925 万日元的 20%，即 185 万日元。

"售价是 1700 万日元，初始买入价是 1300 万日元，差额为 400 万日元，让渡所得税额是差额的 20%，就是 80 万日元"，之前是这么计算的，这样一对比，实际数字确实比预想的要高上不少。

买入价和售价的差额确实是 400 万日元。但是，除去 75 万日元的经费和 185 万日元的让渡所得税，净利润就只有 140 万日元……

尽管如此，在持有房产的期间，也有租金收入（以第 3 章第 139 页的模拟收益为例，约 17.3 万日元 × 60 个月 =1038 万日元），另外，在最初的 4 年中，由于可以充分利用折旧节税，这期间的税金应该很低。也可以这样想，卖房的时候只不过是把之前省下的税金一并上缴了而已。

另一方面，如果将折旧期设置得较长，则在持有房产期间，平均下来每一年的节税效果就没那么好，但账面价格并不会相应减少，因此在出售时应课税所得额就更少些，也就是说让渡所得税也低了。

归根结底，要么就是在房子出售的时候，要么就是在持有房产的期间，总是要缴税的。不过，在此我想说，我们在意识到这一点的基础上，**选择先拿利润还是后拿利润，有计划地设定折旧期才是最重要的。**

举个案例，如果之前买入的房产要花不少经费，那么后期买入的房产就可以考虑将折旧期延长，走"长期小赚"路线。相反，如果其他房子或本职工作更赚钱些，并且想要更多的经费（想节税），那么可以选择"短期大赚"路线来设定折旧期。

折旧期一旦确定了以后就不能再改变了。正因为如此，我们在购买二手房时，需要在战略上计划好折旧期的设定。

93. 不收合同更新费的好处

在房地产租赁行业，在 2 年合同结束后需要更新时，行情上来说，会收取 1 个月的租金作为"更新费"（这里以关东地区为例。从全国范围来看，也有部分地区是收月房租的一半或完全不收费）。不过更新费并不是全归房东所有，**一般都是和管理公司平分。**可能房客会认为是"全给房东收了"（其实管理公司也有份）。礼金也是同样的情况，要从中拿出一部分作为 AD 支付给管理公司，如果不收取礼金，房东就需要自掏腰包了。

关于更新费，虽说要和管理公司平分，但对房东来说也是一笔宝贵的收入，而对房客来说却是一笔让其肉疼的开销。真正交过这笔钱的人会有这么一种感觉，不是很情愿付出去。事实上，过去也曾出现过因"不想交钱"而对簿公堂的案例，在房地产租赁行业引起了很大关注。

在 2009 年京都地方法院的判决中，房东一方输了。京都有一个独特的惯例，即"一年更新费相当于两个月的房租"，而在这场诉讼中这个惯例被判定为"过度收取"。对此，房东方面提出上诉，告到了最高法院，最终在 2011 年 7 月的判决中，房东方面获胜。平心而论，"由于租金设定得很低，所以总的来看，就算是 1 年更新费收取 2 个月租金也是妥当的。"因为是最高法院的判例，所以收取更新费就相当于有了法律依据，之后这类诉讼案就再也没有掀起过什么波澜了。

不过，如果房客在合同更新的时候搬走，那肯定是因为这个更新费。现在这个时代，有些出租房不收礼金、押金和中介手续费，挂起了免费出租的招牌，加上后续会返还的押金，如果顺利的话，搬家费用甚至会和更新费差不多。那房客自然会觉得搬到更便宜、条件更好、号称免更新费的地方比较好。

所以我有时也不收**更新费**。对于房东来说，**如果房客可以一直住下去，就不需要重新装修房间，也不担心在下一位房客到来前的"空关期"。**

但是，更新费也是管理公司的重要收入来源，对方应该不会愿意取消。在这种情况下，房东方面可以和管理公司交涉："现在这样的时代，想尽可能避免一些会导致房客退租的风险。"如果还是得不到谅解，那就不从房客那里收取，这部分钱房东自己给管理公司就可以了。

94. 何时可以考虑卖掉房子

获得贷款后购入的房产，在还清贷款后也会成为自己名副其实的"所有物或实物资产"。"无贷款或无抵押"，怎么处理都由自己。可以继续放着赚房租钱，也可以卖了换成现金。还可以拆了，重建成出租房或公寓，当然也可以建成自住房。

像上述这些，还完贷款后如何处理房产的操作，叫作"出口战略"。

按照我的房地产投资方法，因为初期购入的房地产是偏远地区郊外以及市中心的老房子，所以卖起来会很费劲。因为这些房子本来就不是什么畅销房，所以才能用低价买到，再加上拿在手里又过了好几年，房龄也长了，就更难卖了，这点我们必须做好心理准备。

当然如果你买了一套接近全屋空关的房产，后续在满租的情况下出售，可能会被市场看好。但我认为与其考虑卖，不如集中精力搞长线运营，通过装修改造等方式长久地赚钱。

上述这些建议都是建立在不卖房的前提下，但有时也会出现最好把房卖了的情况。下面我们来探讨一下，什么样的情况下可以考虑卖房。

①需要现金的时候。

但是，如果在贷款还未还清的情况下卖房，因为还要支付中介手续费、让渡所得税等，最后手头上剩余的钱款要是达不到预期，就会欠下债务。

让渡所得税税率高，从买入房产后的第一个1月1日起算未满5年的房产需从账面利润中扣除39%，即使是5年以上也会被收取20%（这里不考虑复兴特别所得税和特别扣除、减轻税率、买换特例等情况）。

②想用卖房款来换取其他资产时。

想把房产从偏远地区置换到市中心或海外的时候，或是找到了其他确定性更高、更有吸引力的投资对象的时候，可以考虑出售。

③厌倦的时候，意识到租赁经营不适合自己的时候。

尝试租赁经营之后发现不适合自己，在失去动力的情况下还硬要继续租赁事业的话，也不会有什么好结果，或许还是早点放弃比较好。不过，如果还有贷款未还清，我认为最好在保证卖房款足够解除抵押权的前提下出售，如果售价不能满足这个条件，那还是继续努力经营，把未还的贷款额再清一清。要是卖房之后还剩下债务，那到头来又是为了什么而进行的投资呢，一番努力都将变得毫无意义了。

④ **房子急需大规模修缮，但费用又没着落的时候。**

这种情况确实挺令人沮丧。虽然也有通过装修贷款凑钱的方法，但如果能无负债把房卖出去，这也算是一项经营策略。值得一提的是，有些房东在持有房产期间尽可能不在装修上花钱，直到房子的状态变得无法出租之后再卖掉。

⑤ **房子不适合自己，决定放手的时候。**

实际持有房产之后，可能会发现有些房子不适合自己。比如房子离自己家太远，去看房子渐渐变得痛苦，或者管理公司不太靠谱，招租很不顺利，又或者房客拖欠房租，投诉出奇的多，等等，这些情况下也可以考虑卖掉房子。

如果因为上述原因而卖房，并且对方主动表示"希望你把房子卖给我"，我认为也不一定要执着于追求长期利润。有时即使没什么赚头，也要把房子卖出去，这也是房地产的经营策略之一。

卖掉后手头上还剩多少钱？

购入时房屋价格 4800 万日元　　　　　　　※ 不足 1000 日元则四舍五入
年房租收入 828 万日元（收益率 17.25%）
获得利率 3%，25 年的全额贷款
房屋折旧资产占房屋总额的 4 成，25 年里设定折旧期

7 年后

如果以收益率 12% 出售……　　　　　［收益率 12% 的房产价格］
贷款余额 3161 万日元　　　　　　　　828 万日元 ÷ 12% = 6900 万日元
账面价（土地 + 房屋）4262.3 万日元　年房租收入　收益率　房屋价格

[中介费用（含税）]
（6900 万日元 × 3% + 6 万日元）× 1.1 = 234.3 万日元

[让渡所得税（适用长期持有房产的 20% 税率）]
（6900 万日元 – 4262.3 万日元 – 234.3 万日元）× 20% = 480.7 万日元
　售价　　　　账面价　　　中介费用

[手头剩余金额]
6900 万日元 – 3161 万日元 – 234.3 万日元 – 480.7 万日元 = 3024 万日元
　房屋价格　　贷款余额　　中介费用　　让渡所得税

手头剩余金额为 3024 万日元

95. 如果想通过卖房赚钱

卖房的时候，要先了解买方所处的融资环境，这点很重要。

一般而言，**如果金融机构开始降低对房地产投资项目的贷款标准，那就是卖房的好时机。**因为在这样的情况下，买方也不太可能说出"因为贷不到款，房价再降一些可以不"这样的话，并且买房的人也会增加，主动权就会掌握在卖家手里，成为卖方市场。

但是当这种情况持续发酵后，大型开发商们就不急着卖了，开始囤货。各公司会一边囤货，一边抬高价格。这个阶段将是最后的卖房机会。房价涨得太多自然就不好卖了，受此影响，银行的贷款标准会再次收紧，导致房价开始下降，逐步向买方市场靠拢。

如果想要通过卖房赚钱，就不能错过以上这些卖出时机。只是，这并不是个人能够左右的，所以一定要把握好市场走势、银行贷款情况，不要错过绝好时机。

在卖房的时候，如果价格定得太高，也可能会卖不出去。一旦卖不出去，就要把价格降一点，过了一段时间还卖不出去，就再降一点……有时候，比起一点一点阶段性的降价，还不如从一开始就定一个合适价格，这样反而卖得更快。关键是要判断好出手的时机。

话虽如此，转卖这块，即使专业人士也很难一直赚钱。如果是房地产行情直线上升的时候还好，但在前景不明朗的时候，外行人是很难赚到钱的。卖出比买入要困难得多，比如提前计划好三个月后卖掉房子，这段时间里也不一定能找到买家，就像你买房时和卖家一番拉扯，尽可能低价买入一样，轮到你自己卖房时，也同样会被其他买家拉扯。

我之所以苦口婆心地说"**买入房产的时候，比起资产性要更重视其收益性**"，**就是因为房子资产性再高，要追求"现金化（即出售）"也是很不容易的。**相反，老房子本来就很难贷到款，所以融资情况的变化不会有太大影响，如果房子处于5000万日元以下的价格区间，根据经验，是会有一定数量的人选择现金购买的。房龄超过法定耐用年数的情况下，如前所述，大房子较为容易在短时间内折旧，所以有些人就是冲着节税的目的买房子的。

因此，如果房子状态不错，入住率也高，那在卖房上受苦的可能性也就变得无限小了。把卖房视作唯一的出口战略的话，也没必要想后面怎么运营，一开始买入的时候，比起房子的资产性，还是要更重视收益性，尽量买那种收益性高且营收稳定的房子，**对于转卖，也不要抱有太高的期待。**

96. 高价卖房的诀窍

一直以来，我都秉持着"买进来的房子不再卖出去"的作风。然而，为了获得美国永久居留权，需要大量现金（获得永久居留权的条件是投资超过50万美元或5000万日元），因此我从2012年开始就陆陆续续出售了一些房产。也有人怀疑"外地的老房子能卖得出去吗？"，不过，最终所有房子的成交价都高于买入价。

卖掉的房子包括千叶县旭市的2栋（同一个买家）、同船桥市的1栋、枥木县下野市的1栋，总共完成了3次交易，旭市的房子有1间空关，船桥市的也有1间空关，下野市的房子满租。旭市的房子买入价是1600万日元，卖了2050万日元。船桥的房子买入价是4800万日元，卖了6000万日元。下野的房子买入价是4150万日元，卖了4600万日元。那么，为了将房子高价售出该做些什么呢，下面将把我的经验分享给大家。

①制作突出房屋优点的简报。

在出售房产时，我为每套房产都制作了房屋简报。旭市位于东日本大地震中受灾较为严重的区域，所以在那套房的简报里写明了地震是否造成过什么影响。房子主体结构没有发现裂痕，简报中还写了，房子周围同期建造的140户人家中，1家也没发生过因为地震导致屋顶瓦片掉下来的情况。旭市也发生了海啸，但我所持有的房产位于离岸 4 千米左右靠近内陆的区域,没有受到任何损害,后续政府对基础设施的修复工程中,房屋所在区域也没有发现什么问题。我想买方应该可以放心了。

另外,下野市的房子简报里,我也把买房时调查到的一些情况写了进去,比如房子建在板栗田上,排水性能良好,地基也很牢固,等等。另外,如果将 6 米长的公共道路纳入房屋所在地块,可以建造 5~6 栋带停车场的南向商品房,以及房屋位于湘南新宿线始发站的步行圈内等情况也都写了进去。

当时为说动融资机构负责人而准备的资料派上了用场。**融资机构负责人也好,买家也好,想要说动他们的话,要点其实是一样的。**自己作为买家的时候想知道些什么,会被房子的哪些地方吸引继而购买,这些在卖房的时候都是重中之重。

另外,**装修改造和修缮记录也可以在简报里展示出来。**因为这些记录恰恰说明了房东有多爱惜这套房子,在房子上花了多大力气,也从侧面反映了这套房子的价值,要详细写在简报里。这些通过报税单存根就能查到。再写上金额的话会更有吸引力。

另外,买家也是投资人,应该会很在意房子的管理情况。即使满租出售,也可能只是一时的,多数时候反倒是房间一半以上都处于空关状态。对方说不定会这么怀疑吧。因此,可以通过租赁情况一览表(其中包括租房合同起止时间等信息)来展示良好的经营状态,同时附上一个月清扫几次的记录,来展示良好的管理情况。

②对方有可能会还价，所以房屋售价要稍微定高些。

售价不要定得太高，诀窍是比"心目中的理想价格"定得稍高一些。当然谁都想往高了卖，但如果一开始卖得太贵，自然就会一直卖不出去，并且后面一点点降价会让人觉得"这房子没人要"。因此需要注意市场行情，慎重设定售价。

定个还算满意的价格出售，等到有购买意向的人出现，就会进入讨价还价阶段。这个阶段如果卖方愿意让买方还价，买方就会觉得"卖方做出了让步，砍价成功了"，更容易让买家接受。旭市、船桥市、下野市的房子最开始报价分别为2300万日元、6400万日元、4900万日元，最后都是让买家砍了些价，以之前提及的价格售出了。

第4章有写到"在砍价时不要动摇"，**作为卖家切身体会之后，再次确信了这点，上谈判桌前，就得在心里划定底线。**答应对方的砍价请求之前，关键是要先确认"这个人是否真的买得起"。不要轻易透露相关信息，否则只会让买方觉得"那套房的价格可以再降点"而变得无所顾忌，对卖方来说是没有任何好处的。

对方是不是真的买得起，就需要了解对方的职业、自有资金等信息，以及银行那边是怎么回应其融资申请的，如果以上信息都无从知晓的话，我觉得就不应该考虑给对方"降价"。

另外，从卖家的角度来看，**我觉得还是持有现金的客户更**

占优势。旭市的那两套房就是这样,因为买方有足够的现金所以马上可以买下,而且如果条件合适,对方还可以选择买其他房子。察觉到对方摇摆不定的心思,我心里其实也蛮忐忑的。当时房子价格差不多定在了2100万日元,不过,为了让买方下定决心买下,我最后决定再降价50万日元。多少退让一些,也能让买方感受到卖方的诚意。作为卖方,最好做好心理准备,在最后阶段给买方降点价,这样房子就更容易卖出去。

97. 关注国家层面的风险

接下来要写的内容，对于现在就想要构建资产的人来说，可能有些过于超前了，可以当作参考，房地产投资这块"还需要做好以下方面的考量"。

听说过"国家风险"这个词吗？

这是指将资产集中在某个国家的房地产或有价证券上，或者居住在这个国家本身所面临的风险。对这个国家政治状况的了解程度和自然灾害情况也包含在这项风险的判断要素中。

1991 年的泡沫经济崩盘之后，目前的日经指数虽然恢复到接近当时的水平，但恐怕没有多少人真正觉得日本经济恢复得很好吧。"现在 GDP（国内生产总值）还是世界第三！"，但除以总人口后的人均 GDP 比韩国还低，在世界上排名第 30 位（来自国际货币基金组织 IMF "World Economic Outlook Database"）。说白了，现在的日本还是不是经济大国都有待商榷，确实已不是世界顶尖水平了。

如果经济和产业就这样衰退下去的话，日本可能会从发达国家的行列跌下来，日元在一众世界货币中的地位也可能会变得更加弱势。到那时，如果把资产全部集中在日本国内，并且只集中在房地产上的话，无疑会有很大的风险。因为房地产是"不动产"，字面意思即动不了的资产,不套现的话是不可能带出国门的。

我从2012年开始在美国投资房地产。根据国际货币基金组织IMF的数据,美国的消费者物价指数在此后的9年间增长了约115%(日本为106%)。房地产方面的代表性指数"S&P CaseShiller住宅价格指数"中,20个主要城市的一户建价格,从2012年5月开始9年间上涨了188%。另外,美国还是几乎所有发达国家中唯一人口增长的国家,特别是年轻人口的增长尤为明显,可以预想到未来消费规模也将继续扩大。

实际上,美国的物价涨得飞快,但相应地,工资也涨得飞快。成本价上涨的话,商品的价格自然也会上涨,商店的销售额也会上涨,这些就会反映在工资上,工资也会被带着上涨,这是美国的逻辑。但是在处于通货紧缩下的日本,"如果提高价格,商品就卖不出去",所以即使成本价上涨,商品价格也会保持不变,这样一来,就只能通过减少单个商品的容量,"减量不减价",或者通过让员工免费加班的形式,增加人均劳动量,以此来勉强维持账面上的平衡。

当然,我相信日本人的潜力,也希望有一天能够通过一些革新,让日本重回世界的顶峰。同样地,美国也不能保证自己会永远处于世界之巅。

规避风险的基本方法是分散投资。

同在日本,即使将投资对象换成股票、国债等,也规避不了国家风险。我们也要认识到把资产集中在同一个国家是非常危险的。我的资产基本由日元和美元组成，两者此消彼长，就能做到风险对冲。

即使人在日本也可以增加美元资产。金融产品自不必说，想买美国的房产也不一定要去美国。在美国，房地产投资这块，房租收入只占一小部分，投资收益基本来自售房所得，所以建议大家选择别墅或独立房屋进行投资。

即使人在日本，也可以通过远程视频看房了解远在美国的房屋，这也确立了包括买卖合同和房产调查等在内的房产交易机制和服务。虽然需要在房产所在地开一个银行账户，但加州的联合银行由三菱 UFJ 银行 100% 控股，所以设有日语电话平台。我听说加拿大、澳大利亚、新西兰也有类似的银行。

利用这样的机制和服务，将目光投向海外。我想这将是未来大家都会感兴趣的项目。为了在风险中保护自己和重要的家人，守住好不容易积累起来的资产，最好预先给资产上个保险，分散投资会是个不错的主意。

案例研究

案例 1　从一栋多户出租房开始不断扩大规模
超级房东胁太先生（一年房租收入 6400 万日元）

2012 年，当时刚满 30 岁的胁太先生对未来感到迷茫。他就职于大企业，但也就是个合同工，并不是正式员工，年收入 400 万日元，工作很忙，即便如此，也不能保证每年都能成功续约。

"我想过时间上和金钱上都更充裕的生活"……抱着这样的想法，胁太先生选择了房地产投资。

现在胁太先生拥有 12 栋楼，大部分是多户出租房，他通过自己的网站来发布信息、举办研讨会等活动，其投资手法也很有讲究。刚开始投资时他拥有的自有资金为 400 万日元，只有 4 年的工薪族经历，还只是合同工，所以能利用的金融机构并不多。"绝对不能失败"，抱着这样的想法，胁太先生拼命地学习房地产投资方法，绞尽脑汁地应对各种情况。

首先胁太先生讲究的是地理位置。"在房地产中，只有地理位置是买了就没法改的。如果这里失败了，就会成为致命伤。"因此，他的第一套房子买在"东京 23 区"。这个地方攻守兼备，即在入住方面有优势的同时，"就算投资失败了也容易卖出去"。只不过当时的胁太先生在市中心能买到的多户出租房，只能是破旧的老房子，因此不可能获得较长融资期限的全额贷款或超额贷款。对于当初以"每月100万日元的流水"为目标的胁太先生来说，融资期限长短直接关系到现金流，因此非常重要。于是，他选择了"一口气购买4套区分公寓，既容易融资，又容易在失败后卖出"。当时4套房龄25年的区分公寓合计3600万日元。胁太先生最后获得了包括各项购房经费在内的27年超额贷款，2012年7月，他在31岁生日那天迈出了作为房地产投资者的第一步（现已出售）。

购买年月	所在地、类别、房型、户数	购买价格
2012年7月	东京都中野区二手区分公寓（1R×4）	3600万日元
2013年7月	神奈川县相模原市二手一栋多户出租房（1K×8）	5700万日元
2013年10月	神奈川县横滨市新建一栋多户出租房（1K×6）	5200万日元
2014年9月	爱知县名古屋市二手一栋公寓（1SK×10）	6200万日元
2015年10月	爱知县名古屋市新建一栋多户出租房（1K×9）	8000万日元
2016年2月	爱知县半田市二手一栋公寓（3DK×6）	4100万日元
2016年3月	爱知县名古屋市新建一栋多户出租房（1K×8）	6300万日元
2016年9月	爱知县名古屋市新建一多户出租房（1K×8）	6400万日元
2016年12月	爱知县名古屋市新建一栋多户出租房（1K×8）	6300万日元
2018年5月	爱知县名古屋市新建一户建（4LDK）	6000万日元
2019年9月	爱知县半田市二手一栋公寓（1K×8）	4100万日元
2020年11月	爱知县半田市二手一栋多户出租房（1DK×8）	7000万日元
2020年12月	埼玉县上尾市二手一栋多户出租房（1LDK×10）	9800万日元
2021年9月	三重县铃鹿市二手一栋公寓（1K×15）	5100万日元

即使还了贷款，付完管理费、维修费等，胁太先生每月还有10万日元进账。胁太先生说："一开始是很不安的，但是半年过去进账60万日元，1年过去进账120万日元，看到账户上这些存款非常感动，至今还记得当时的感受。"之后他就以爱知县为中心，不断买入"性价比（收益性）高，即使失败了也不会造成多大损失，出售也容易"的独幢木造多户出租房，后面把区分公寓都卖掉了。

2016年2月，从第一次买房过去了约3年半，胁太先生达成了"每月100万日元现金流"的目标，2021年9月达成了"每月200万日元现金流"的目标。"几倍于工薪族工资的收入，不用工作每个月都有进账"，他在享受这份喜悦的同时，表示今后会"继续巩固自身资产的基本盘，以成为专业房东为目标"。

案例 2	和家人一起经营多户出租房、一户建，现已满租

一户建房东梦高先生（全年房租收入未公布）

梦高先生正是看了本书的初版，才决定开始进行房地产投资的，这点也令我感到非常荣幸。夫妻俩一边在公司工作，一边实践着房地产投资，还开设了博客。

梦高先生通过网络知道了房地产投资，之后就开始阅读书籍、博客和电子邮件杂志进行学习。2012年，他在东京都内的葛饰区以1420万日元的价格购买了一栋楼龄34年、2室的独栋2户出租房。该出租房处于从车站步行3分钟就能到达的位置，售价也从初始价2180万日元降到了1400万日元，并且"这价格低于土地的积算价格，绝对要拿下"，抱着这样的想法，梦高先生还参考了我的投资手法，"比起（房屋的）资产性，更重视收益性"，最后把房子买下来了。

梦高先生的自有资金为300万日元，从日本政策金融公库获得了1400万日元的贷款。向公库咨询后被问到有无担保人，他冷静地回忆道："幸运的是当时一位持有5000万日元存款的人愿意做我的担保人，我想这下贷款应该是可以申请下来的。"第一套房子投资成功后，梦高先生之后也顺利地继续买入房子。如今，虽然详细情况不好公开（因为他一直在上班），但持有的房子"全部都是房龄较高（平均房龄45年）的木造房，以东京都和千叶县的一户建为主"，据说总资产规模已上亿。之所以不公开持有房屋的信息，其实是因为这可能会影响到他后续工作单位的变更。

夫妻二人，或许还可以算上在上小学和初中的两个孩子，他们也会帮忙打扫房屋，一家人开开心心进行租赁经营的温馨样子，让人倍感温馨。

问到开始投资房地产之后，什么地方让他觉得和之前相比有了很大改善，他回答说："如果觉得现在的工作单位不喜欢，我可以随时换工作单位了。"

"在东京都内等土地价格高的地区，一户建的收益性会变低，所以'首先从多户出租房开始'真是做对了。"梦高先生高兴地说着。今后也会继续和家人一起进行租赁经营，听说后续也会考虑法人化。

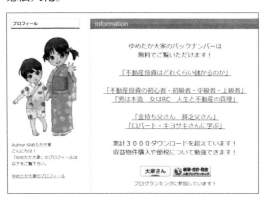

> **案例 3**　**以 50 万日元养老资金为目标进行多户出租房经营**
> 独栋多户出租房房东森秀树（化名）
> （一年房租收入 756 万日元）

虽然森先生的本职工作年收入有 540 万日元，但他想着"一方面在退休后也要继续抚养还未成年的孩子，另一方面也是为了养老，想每月有 50 万日元的可支配收入。"因此，马上要 50 岁的森先生下定决心采取行动。之所以选择房地产投资，"一大原因是自有资金为零也可以开始"。的确，森先生投资房产那会儿，就像本书新版中提到的那样，金融机构对房地产贷款的态度比较积极。

森先生虽然也有一些存款，但他坚持走"零自有资金"路线，打算全靠贷款搞定，"1 年半的时间里，每天在网上搜索房屋，看到中意的就委托买卖中介公司向金融机构打听，自有资金为零是否可以获得贷款"。2015 年，森先生 49 岁的时候，相继在千叶县东金市购买了 14 年房龄、1 室 10 户的独栋木造出租房，以及神奈川县横须贺市的 28 年房龄、带阁楼的 1 室 8 户独栋木造出租房。两栋楼表面收益率均为 10%。前者从 SBJ 银行获得了利率 3.15%、30 年的贷款，后者从静冈银行获得了利率 3.9%、30 年的贷款，可以说是相当不错。

实际上，东金市的房屋是出现过自杀事件的事故房，但入住率和房租都没有受到影响，一直保持着85%以上的入住率。据说横须贺市的房子也几乎是满租经营，"能多套房一并收租，从独栋多户出租房开始投资，真是做对了"，这点让他很满意。不过，10%的表面收益率并不算高，贷款利率也不算低，再加上还是超额贷款，每月手头上剩的钱很少，这让他很苦恼，他也反思"要是之前多学习学习再开始投资就好了"。

话虽如此，但他从零自有资金开始，通过稳健经营，剩余债务也在逐步减少，所以我认为他的做法绝对不是失败的，而是成功的。此后，森先生还阅读了约100本房地产投资书籍，参加了200多场研讨会，积累了充足的知识。他充满干劲地说："打算在老家关西继续买房并逐渐扩大资产规模，目标是成为投资额10亿日元的超级房东。"

位于横须贺市的第二套出租房建在悬崖上，房租是周边最低价格，很有竞争力

案例 4 通过"租房""收房租"新手法，不买房就能得到房租收益
一户建房东三上大贵先生（房租年收入数百万日元）

最后介绍一下三上先生，他如今30多岁，一边在东京的广告代理店工作，一边实践着以一户建为中心的较为独特的投资。虽然这与本书"首先投资独栋多户出租房！"的主旨有所偏离，但本质是一样的，都是在探讨如何在不花钱的情况下，高效率获得收益，也有非常值得参考的部分。

三上先生投资的最大的特点是"不买房"。首先是走街串巷找房子。找到一间空房子后，联系房主，和他谈好价格，每月以较低的价格租下来，再将房子出租出去，这其中的差额就是三上先生的收入。他本人说"不想使用存款，也不太敢贷款"，确实这样一来，就没有必要贷款了，也不用支付买卖房子时的各种经费。装修改造只做到必要的最低限度，房租相应地可以定得比市场价低一些。"如果太破旧的话，就作为仓库便宜出租"，别说还真有不少人会租。

邮箱堵住了，门牌也没有，"这种情况一看就知道是空房子"。要说怎么联系上房主，就是去询问住在其旁边或者对面的人家，让他们告诉你联系方式。"从根本上说，邻居并不乐意看到自己家周围有房子空着的情况，所以很多时候都很配合"。而一旦找

到房主，剩下的就看如何与他交涉了。三上先生表示，"100 套空房子里，大概有十几套能联系上房主，然后其中大概有三四个房主会愿意租给我。"

对于房主来说，与其一边缴纳固定资产税，一边放着房子吃灰，还不如把房子租出去，虽然租金不高，但自己什么都不用管，每月还能有收入，还是很有吸引力的。就这样，三上先生从 2019 年开始投资，迅速入手房屋，平均 1 年添 20 套租房，现在也听说有一些房主主动去找到他，"房子免费给你也成，能收下不？"这种投资手法，"不靠钱，而是靠心、胆量和个性"，这是属于没钱人士的究极投资术。如果我年轻个 20 岁，我也想试试。

三上先生高速入手房屋，平均 1 年添 20 套租房，关于房屋的详细情况，三上先生说"可能记不清了"。该图片展示的是位于千叶县的一户建

卷末特典

问题清单和查看清单

下面向大家介绍向买卖房源的中介、当地房地产中介、管理公司询问事项时,可供参考的"问题清单",以及去实地看房时,对于哪些点需要查看,可供参考的"查看清单"。如果不知道该问些什么和检查些什么,可以参考以下一览表。

1. 询问房屋买卖中介的问题清单

这是我作为买方,想问负责售房的中介的基本问题清单。如果你想进一步了解该房产,可以参考第 310 页的"进一步深入询问买卖中介的问题清单"或第 314 页的"打电话询问当地房地产中介的问题清单"。

1	房主卖房理由
2	有没有出现问询该套房或想买该套房的人?潜在买家的反应
3	关于生命线(公营自来水管道・水井／本下水道・净化槽・汲取式／煤气罐／高架水槽・抽水泵・加压式等)
4	设备详情(西式卫生间、洗衣机放置处是否在室内、浴缸是否具有二次加热功能等)
5	空关房的装修情况
6	土地的实际价格、线路价是多少?

续表

7	道路连接情况（是否尽到连接道路的义务，是否需要后撤，如果是私有道路，占比为多少？）
8	建蔽率、容积率
9	城市规划的区域划分和用途区域类型
10	法律法规上的限制（城市规划法、建筑基准法、土地区划整理法、景观法等）
11	是否有义务告知重要事项？
12	关于大规模修缮记录（什么时候做的外墙涂装和屋顶防水等）
13	土地的地目（宅地、农地、田、山林等）和过去的利用情况
14	停车场的数量、附近停车场的每月行情和空置情况、是否有自行车停放处？（还有充足率）
15	关于到公共汽车站的距离和公交车班次
16	房屋是房企[1]的规格，还是传统土木工程公司的房子？
17	有没有议价的余地？
18	关于固定资产税评估额、固定资产税和都市计划税的税额
19	平坦地还是坡地，有没有挡土墙，离悬崖近不近，日照如何？
20	和周围地块有无纠纷，边界是否可以确认？
21	是否处于危险地图的区域？（发生自然灾害的记录等）
22	有没有埋在地下的东西？（包括可能性）
23	是不是"公认的埋藏文化财包藏地"，区域外是否相连？
24	关于石棉的使用情况
25	房屋状态（外墙和地基是否有裂缝、是否漏雨等）
26	租赁情况（合同期限、租金、空关情况等）

---

1 译者注：比如说松下、OPENHOUSE、三井建筑，这种公司叫作ハウスメーカー，即专门做房子的品牌公司。还有一种是工务店那种规模小的工厂，直接帮你盖楼的那种公司。工务店比HOUSE MAKER小，可以控制管理成本，不用担心会追加高额的广告宣传费和运营的人工费等，利用者可以以接近成本的价格委托住宅的建设。工期往往比HOUSE MAKER长，但并不像委托建筑师时那样需要很长的时间。

2. 进一步深入询问买卖中介的问题清单

如果"有较大买房意向",就要再次询问中介公司的销售负责人。

一定要详细查看房屋资料、设备、修缮记录等。

1	卖家是什么背景?(在卖家相关信息中寻找用于议价的材料)
2	有没有建筑确认通知书、检查济证?
3	房屋是否符合建筑基准法等法令要求?
4	土壤有没有受到污染?
5	首付金、贷款条款(不可贷款时解除合同)等是否能够接受?
6	是否有配置图、建筑图面、现状平面图、公图、地积测量图?
7	有登记簿腾本吗?
8	固定资产税以及都市计划税的评估证明、纳税通知书的确认
9	是否有建房时的小册子和招租传单?
10	是否有房屋竣工图?(管道、布线记录有助于后续整修)
11	有无越境物(是否存在与相邻地块共用地块内埋设管等情况)
12	用电情况(如有隔离式高压受电设备,也要确认具体情况)
13	如果用的是煤气罐,需确认设备租赁合同(抵扣期)等
14	是否有城市燃气调查回答书?(有助于掌握埋设的燃气管道布局)
15	受水槽和净化槽的检查和清扫记录、费用等
16	是否有简易专用自来水管道检查结果书?(大于 $10m^2$ 的受水槽/每年一次)
17	消防设备等检查结果报告书、实施报告书、费用等
18	每户有没有安装住宅用火灾报警器?
19	有无修缮记录?(空调、热水器更换记录等)
20	电视共听方式(天线、电缆)和维护费用等
21	网线是否拉好?

续表

22	需要修理屋顶吗？（是否急需实施防水措施）
23	管理方式是什么？（自主管理、委托管理、包租）
24	有管理公司的定期清扫、检查报告书吗？
25	如果有自治会费制度，确认具体情况
26	过去的事故、事件、纠纷和投诉记录
27	如果接受宠物入住的话，确认具体规定
28	如果房屋用作店铺、事务所的话，确认规则和实际使用情况（影响火灾保险费）
29	有无拖欠房租者、不良入住者、反社会势力？
30	是否有通过房租保证公司、代收房租公司？
31	委托管理公司的业务内容（管理费等）、变更管理公司所需的手续等
32	有长期修缮计划吗？
33	每户房客赔偿责任保险的投保情况（是否有续保？）
34	关于房屋运营成本
35	关于押金（保证金）的继承方式

3. 实地看房查看清单

终于到了实地看房环节，亲自确认一下房屋情况吧。

如果有机会，还可以询问附近的居民，估算一下装修改造费用。

	其他
1	有多少个停车场，有没有轮胎挡板？表层状态等
2	能增加停车场车位吗？（转移或拆除电杆、栽植、围墙的可能性）

续表

3	地基有没有大裂痕？
4	共用走廊顶棚（屋檐）的状态（是否有下垂等情况）
5	窗和屋檐等有没有破损
6	栏杆或阳台的状态（是否有破损或锈蚀）
7	楼梯状态还可以吗？（踏板的强度、锈蚀、摇晃程度、劣化、破损等情况）
8	屋顶类型（瓦、石板、金属、混凝土）和状态
9	天线位置和状态等
10	煤气罐公司的钢瓶放在哪？（可以考虑设一个钢瓶放置库）
11	有护栏网吗？（厨房小窗等，有无安全措施）
12	确认场地的泥土部分（因为后续会喷洒草剂）
13	确认热水器的制造商和年式（型号）
14	净化槽和污水池的位置和状态等（也确认一下鼓风机电机的年式）
15	确认共用灯的位置/数量，可以考虑LED化（防盗和省电）
16	外墙状态（裂纹、起皮、接缝老化等）
17	房屋或场地有无苔藓/霉菌（确认排水和光照）
18	边界确认（桩、标、金属铆钉等）
19	摩托车、自行车停放点的位置和状态（如闲置自行车等）
20	空调外机的位置和状态等
21	场地内的闲置物品（闲置车辆、旧轮胎、大件垃圾等）
22	高压受电设备的位置和状态等
23	露天管道的位置、用途、状态等
24	井泵、高架水槽、抽水泵、加压箱、受水槽的位置和状态等
25	电梯的位置和状态等
26	邮箱的设计和功能等（可以考虑改成快递箱）
27	监控摄像头和自动落锁功能的位置和状态等
28	大门、围墙、栅栏的状态
29	整体印象如何？

续表

30	关于臭气（霉菌、畜牧场臭气等）
31	到汽车站和电车站的实际时间（也确认一下时刻表）
32	查看便民设施和竞争房源（竞争房源数量、入住情况等）
33	场地内是否有电力柱或电线杆？（查看电线杆编号）
34	垃圾站的位置和状态等
35	在政府部门查看挡土墙检查济证（该证检查对象为住宅地营造工程区内超过1米/区域外超过2米的挡土墙）
36	附近是否有铁塔、高架道路、高架线路、铁路、主干道（日照／噪声／污染／安全性等）
37	周边的电线杆、门、围墙有没有倾斜？
室　内	
38	门窗开关是否顺畅？（拉门、移门滑轨、铰链有无故障，门楣是否有下降情况）
39	地板有无响声？（壁橱改成的衣柜要确认一下底板是否牢固）
40	扫窗周围的地板状态
41	空调、厨房、洗手台、坐便器、换气扇、照明设备的功能和状态
42	浴室镜的状态（如鳞片状污渍、老化等）
43	淋浴头软管、水龙头填料格、洗衣台水龙头配件状态
44	洗衣机排水口和防水台的位置和状态
45	门把手、把手、毛巾衣架、窗帘轨道状态
46	窗玻璃和打胶的部分、窗框、纱窗和胶条、隔扇、拉门的状态
47	锁和移窗锁的状态
48	有没有漏雨的痕迹？
49	墙、天花板、地板和榻榻米的状态
50	想象一下房型大改的样子或日式房改西式的样子
51	设备状态和后续可以改进的点（WiFi、监控电话、电子锁）
52	电力合同电流量（过低、过旧的考虑改进）

4. 打电话询问当地房地产中介的问题清单

在购房之前，我们还可以打电话咨询当地的房地产中介。

可以先告诉他们将来有可能会委托他们招租，再向他们打听当地的租赁情况。

1	面向单身人士和面向家庭的租房，哪种更受欢迎？
2	对停车场的需求如何？停车场月租金行情以及空置情况
3	电车和公交班次如何，出行是否方便
4	较为受欢迎的装修改造方案，以及大概需要花费多少钱？
5	周围是否存在带动租房需求的设施、大学、工厂等？
6	地段和房客需求（房客满意度较高的条件和设备）等
7	不同房型的房租行情如何？
8	押金、礼金、免租房、广告费的行情是多少？
9	如何快速解决空关问题？
10	关于自然灾害危险区域
11	支持在此区域买房吗？相关建议等

5. 询问管理公司的问题清单

管理公司负责招租以及接待入住者、房屋维护等，是后续帮助房东运营房屋的合作伙伴。为此，我们需要搞清楚可以委托管理公司做些什么。

1	关于网络招租的方法（网站名等）
2	店里是如何招租的？

续表

3	房屋所在地有没有挂上招租用的幕布、牌子、旗子?
4	有没有在该地区的杂志上刊登招租信息以及印发招租传单(反响)?
5	是否会带客户看房以及报告其结果?
6	是否有什么方案来解决空关问题,比如样板间化?
7	有通过房租保证公司吗?
8	是否采用连带保证人制度?
9	是否可选定期房屋租赁合同?
10	租客赔偿责任保险的内容和投保情况等
11	租金明细的印发以及房租收缴是怎么安排的?
12	对督缴拖欠房租有什么安排?
13	入住时的换锁费用,是入住者负担(附带特约)吗?
14	房客退租时的清扫费,是入住者负担(附带特别)吗?
15	有原状恢复相关事项说明手册吗?(例如分摊比例)
16	有定期巡视/报告吗?定期清扫的费用是多少?
17	如何处理合同外停车、停自行车、闲置车辆?
18	管理公告栏吗?(查看或更新内容)
19	净化槽的维护频率和费用是多少?
20	受水槽、高架水槽的清扫频率和费用是多少?
21	地下水(井)的水质检测费(每年一次)是多少?
22	如果有电梯的话,其定期检查、耗材更换频率以及费用是多少?
23	消防用设备等法定检查(每半年一次)的费用是多少?
24	对非营业时间的租客投诉是如何处理的?
25	是否可以在公司内部共享管理处理记录?
26	房主能否自行安排包括原状恢复在内的装修改造事宜?
27	房主安排的工程,公司方面能否到场监督以及适时报告?到场监督费用是多少?
28	委托管理的合同期限是多少年?

续表

29	如果租客违反合同内容，对其进行书面提醒。如果租客在几天内再次违反或未纠正违反行为，是否可以无条件解除合同？
30	管理费是多少？（或租金的百分之几）
31	可以事后再向房主报告的（紧急处理）金额上限是多少？
32	房主能自己带房客过来吗？相关安排和收费是怎么样的？
33	关于从业经历、管理房屋栋数、户数、职员数、管理房屋的入住率
34	租赁中介、买卖中介、房屋开发与销售这些业务中，主营哪些业务？
35	管理房屋的押金、礼金、广告费，免租房的行情价是多少？
36	共用灯的更换费用是多少？（含点灯管的更换和处理费用）

结语

有了如今的知识和经验，如果要给过去的自己指一条赚钱的路——我会毫不犹豫地推荐投资房地产，并且只推荐投资"高收益率的独栋多户出租房"。"高收益率"是最重要的指标，如果搞错了这个指标，投资收益会有很大不同，所以要小心谨慎。然后，通过以下警示告诫自己。

"尽可能早地开始房地产投资！"

"如果没什么钱的话，就先从积攒300万日元开始努力！"

"在买到房之前，注意节俭！！"

我开始房地产投资的2000年初，正处于20世纪90年代泡沫经济崩盘后的尾声阶段，房地产被视作"负资产"的典型代表，对房地产投资的排斥依然较为强烈。当时，我经营着自己创办的小公司（进口产品的批发），但并不稳定，都不知道明天会怎么样，一直处于走钢丝的危险状态。每天非常忙碌，连看书的时间都挤不出来，但在偶然路过的一家书店里，我无意中看到了一本关于出租房经营的书（《作为工薪族的我3年赚到了2亿日元，惊人的出租房投资法》，小川慎著，あっぷる出版社出版，现已绝版），这本书极大地改变了我迄今为止的命运。

"只要努力，谁都能成为房东，获得稳定的收入。"这些话语，让每天与数字打交道、疲惫不堪的我半信半疑，却确确实实在我心中埋下了希望的种子。

渐渐地，我心中想要"挑战一下房地产投资"的念头愈发强烈，但是我身边的人教不了我如何购买出租房。另外，当时互联网并不像现在这样普及，为了获取信息，我只能把所有标了"房地产"三个字的书籍全读一遍，凭借从书中获得的知识，我战战兢兢地进入了房地产投资领域。

当时普遍用传真传送资料，所以桌子周围到处都是纸质资料，现在看来这也算是一段令人怀念的回忆。我浏览了大量的房屋资料，有不懂的就马上打电话给中介……在这样不断重复的过程中，我对以前不懂的房地产相关知识变得越发了解起来。本书的重中之重，购买"高收益率独栋多户出租房"成为房东的做法也是从这个时候的经验中学习到的。

这个世界上，关于"房地产投资"的做法数不胜数，应该采取哪种方法，根据投资人的不同而千差万别。

我提倡的做法是一种重视实战的方法，对象是那些看似与

结语

房地产投资无缘的人,更确切地说,是让那些"没有什么钱的人"成为房东。

没什么钱的人要想往上拼搏,就必须要做好承受一定风险的准备,本书虽然重视效率(收益率),但从旁人的角度来看,老房子、小地方房产这些点,可能会让人觉得有风险。

但是20年来,很多坚持房地产投资的房东,以及很多将我书中的内容付诸实践的房东,我从旁见证了他们一路走来取得的巨大成功,让我再次确信,包括老房子和小地方房产在内,这些风险都是可以通过一系列操作降到最低的。

我可以很自信地说,"如果目标是快速成为有钱人的话,本书介绍的控制风险的方法是非常值得一试的"。

与其想着"成为房东后要过什么样的生活",不如先取得可以自由支配的时间和稳定的收入,再根据自己希望过上什么样的生活,选择与之相匹配的奋斗方向。

有些人想让家人幸福,有些人想为世界做贡献,有些人想让人生更加充实……我自己也一样,以成为房地产投资家为目标,这些目标都是可以通过努力更早更快实现的。

每个人都可以选择成为房地产投资者,什么时候开始都不晚。

愿本书能帮到所有需要高效房地产投资法的朋友。

最后，拿到这本书的各位，参与《买楼收租：房地产投资完整手册》出版项目的各位，同为房东的各位，以及我最重要的家人，由衷感谢大家对我的支持照顾。真的非常谢谢！

石原博光

2021年9月于加利福尼亚家中的书房

注：本书在2016年出版的新版《买楼收租》的基础上进行了加页与修正，以及大幅度修订。